绿水青山孕育美丽蝶变

浙江省安吉县美丽乡村标准化建设历程

主 编 宋 波

副主编 王有富 云振宇 郑 勤

浙江工商大学出版社

·杭州·

图书在版编目(CIP)数据

绿水青山孕育美丽蝶变 : 浙江省安吉县美丽乡村标
准化建设历程 / 宋波主编 . — 杭州 : 浙江工商大学出
版社 , 2021.9
ISBN 978-7-5178-4336-8

Ⅰ . ①绿… Ⅱ . ①宋… Ⅲ . ①城乡建设－标准化－概
况－安吉县 Ⅳ . ① F299.275.54

中国版本图书馆 CIP 数据核字 (2021) 第 031484 号

绿水青山孕育美丽蝶变——浙江省安吉县美丽乡村标准化建设历程
LVSHUI-QINGSHAN YUNYU MEILI DIEBIAN
——ZHEJIANG SHENG ANJI XIAN MEILI XIANGCUN BIAOZHUNHUA JIANSHE LICHENG

宋 波 主编 王有富 云振宇 郑 勤 副主编

出 品 人	鲍观明
策划编辑	徐 凌
责任编辑	徐 凌
责任校对	何小玲
封面设计	林朦朦
封面照片提供	夏鹏飞
责任印制	包建辉
出版发行	浙江工商大学出版社

（杭州市教工路 198 号　邮政编码 310012）

（E-mail：zjgsupress@163.com）

（网址：http://www.zjgsupress.com）

电话：0571-88904980，88831806（传真）

排　版	杭州彩地电脑图文有限公司
印　刷	杭州高腾印务有限公司
开　本	710 mm×1000 mm　1/16
印　张	13
字　数	187 千
版 印 次	2021 年 9 月第 1 版　2021 年 9 月第 1 次印刷
书　号	ISBN 978-7-5178-4336-8
定　价	49.00 元

本书编委会

编委：胡景琦　应珊婷　华歆雨

李　笑　沈晓昱　王忆杰

张　斌　张　舒　张　俐

楼　成　董昉杰　彭文远

支持单位：浙江省标准化研究院（之江标准化智库）

浙江省长三角标准技术研究院

序　一

2005年8月15日，时任浙江省委书记习近平同志来到浙江省湖州市安吉县，深入农村调研。在天荒坪镇余村，他第一次提出了"绿水青山就是金山银山"的科学论断。而后，"绿水青山就是金山银山"理念从安吉出发，被写入党的十九大报告、写入党章，成为习近平生态文明思想的重要组成部分。

2020年3月，时隔15年，习近平总书记再次前往安吉余村考察，对安吉坚持绿色发展给予充分肯定和期许。他指出："余村现在取得的成绩证明，绿色发展的路子是正确的，路子选对了就要坚持走下去。"习总书记强调，要把绿水青山建得更美，把金山银山做得更大，让绿色成为浙江发展最动人的色彩。

作为"绿水青山就是金山银山"理念的发源地、首个美丽乡村国家级标准化试点县，早在2008年，安吉就率先开展美丽乡村建设，并将标准化创新应用于建设工作中。在标准化的建设历程中，首个农村综合改革领域国家标准《美丽乡村建设指南》制定出台，创新解决了美丽乡村建设工作由碎片化、概念化向系统性、可量化、可操作转变的重大实践难题。2016年，安吉县还以117分的全国最高分通过农村综合改革美丽乡村标准化试点项目验收。

在规划引领上，安吉实施"多规融合"策略，逐村定位、逐村规划，建立了4个方面、36项指标的美丽乡村标准化建设体系。2018年5

月，在美丽乡村基本覆盖的基础上，安吉又在原有中国美丽乡村标准化建设体系基础上全面纳入乡村振兴战略，对原标准体系进行更新升级。2019年，安吉县美丽乡村建设经验作为案例之一，入选中央组织部组织编选的《贯彻落实习近平新时代中国特色社会主义思想 在改革发展稳定中攻坚克难案例 生态文明建设》一书。

以习近平生态文明思想引领美丽中国建设，美丽乡村建设是不可或缺的重要部分。安吉通过建设美丽乡村，走出了一条生态与经济、农村与城市、农民与市民、农业与非农产业互促共进的发展道路。本书从美丽乡村标准化历程、美丽乡村与标准化的关系、美丽乡村建设标准体系与系列标准、美丽乡村标准化建设的主要做法、美丽乡村标准化实践的传播和影响等角度，提炼浙江省安吉县美丽乡村建设的宝贵经验，为其他类似资源禀赋的地区实现跨越式发展提供经验借鉴，为践行习近平生态文明思想提供"浙江智慧"，谱写"重要窗口"浙江示范样本的美丽乡村建设新篇章。

浙江省市场监督管理局局长 章根明

2020年10月

序 二

经过系统梳理、精心编纂，《绿水青山孕育美丽蝶变——浙江省安吉县美丽乡村标准化建设历程》杀青付梓，这是安吉县多年来积极探索美丽乡村建设、全面推进乡村振兴发展的重要成果，也是献给建党百年华诞的一份厚礼。

2005年8月15日，习近平总书记在浙江工作期间来湖州市安吉县余村考察，首次提出了"绿水青山就是金山银山"的科学论断。16年来，我们始终牢记总书记的嘱托，忠实践行"绿水青山就是金山银山"理念，一任接着一任干，一张蓝图绘到底，走出了一条生态美、产业兴、百姓富的绿色发展之路。在这个过程中，安吉县从"千万工程"出发，创造性地开展美丽乡村建设。2015年，以安吉县为第一起草单位的《美丽乡村建设指南》发布，成为美丽乡村建设的国家标准；2017年，安吉县确立建设中国最美县域的愿景，着力打造美丽乡村升级版，实现体系再完善、标准再提档、水平再提升；当前，安吉县深入推进新时代绿水青山就是金山银山理念综合改革创新试验区建设，加快打造"县强、民富、景美、人和"的共同富裕安吉样本，努力绘就高质量绿色发展、均衡普惠协调、低碳生态宜居、平安和谐幸福四张美丽新画卷。

回顾这些年，安吉县打造美丽乡村、建设中国最美县域之所以能够形成经验、彰显特色、成为品牌，紧紧抓住标准化建设这一重要抓手是关键。本书将理论研究与实践分析相结合，全面总结、提炼并升华了安吉县多年来美丽乡村标准化建设的好经验、好做法，并以丰富的实践案例生动地展现了"绿水青山就是金山银山"理念在基层的创新创造，具有较强的参考性、可读性和可复制性。

2020年3月30日，时隔15年，习近平总书记再次亲临安吉视察，赋予我们"再接再厉，顺势而为，乘胜前进"的新指示、新期望。站在新的历史起点，踏上新的赶考之路，我们要始终牢记习近平总书记的殷殷嘱托，坚持以"绿水青山就是金山银山"理念为根本指引，以建设中国最美县域为奋斗目标，深入推进新时代浙江（安吉）县域践行绿水青山就是金山银山理念综合改革创新试验区建设，将美丽乡村标准化建设成果全面深化运用到县域经济社会发展的方方面面，加快推动安吉成为新时代美好生活向往地，努力让"城里乡下一样美，居民农民一起富"的共同富裕美好图景在老百姓身边得到更生动、更充分地展现。

湖州市委常委、安吉县委书记

安吉县委副书记、县长

2021年9月

引 言

"时间如梭,当年的情形历历在目,这次来看完全不一样了,美丽乡村建设在余村变成了现实。"时隔15年,习近平总书记再访安吉余村,来到美丽乡村梦源起的地方,他动情地对村民说:"余村现在已经在全国起示范作用,这里的发展后劲、潜力我也很看好,再接再厉,顺势而为,乘胜前进,芝麻开花节节高。"

2005年8月15日,时任浙江省委书记习近平来到安吉余村调研时,首次提出"绿水青山就是金山银山"的重要理念,让这个名不见经传的小山村经历了美丽的蝶变。如今,安吉余村的故事已广为世人所知并传颂。着墨于余村这个小小坐标点的绿意,美丽乡村正在中国的地理版图上全面开花。

一、美丽中国从美丽乡村开始

2012年,党的十八大报告首次提出"美丽中国"的概念,强调把生态文明建设放在突出地位,融入经济建设、政治建设、文化建设、社会建设各方面和全过程。一时间,美丽中国以其清新悦耳、充满诗意、温暖人心的意象,成为大众津津乐道的热词,引起了社会的强烈共鸣,融入了人们心中勾勒的对未来社会的美丽愿景。

从某种意义上来说,美丽中国亦如美丽乡村,那里不仅有文化古韵与秀美风景，更有"心有所寄"的精神家园。而这种由内而外的美丽，既是美丽乡村的建设重点，也是美丽中国的重要组成部分。

在党的十八大之前的社会主义新农村建设实践中，部分地区已率先进行了美丽乡村建设的实践与研究。

首先是以中国美丽乡村发源地——浙江安吉为中心的一系列美丽乡村建设。2008年以来，安吉积极探索建设"环境优美、生活甜美、社会和美"的现代化新农村的"安吉模式"，成了全国生态文明和美丽乡村建设的示范县。逼仄的村道转为平坦宽阔的绿道，一条政治、经济、文化、社会、生态文明协调发展互促互融，城乡统筹共建共享，"绿水青山就是金山银山"，富民与强县有机统一的科学发展之路向前铺开。

2013年，中央一号文件《中共中央国务院关于加快发展现代农业进一步增强农村发展活力的若干意见》强调："推进农村生态文明建设。加强农村生态建设、环境保护和综合治理，努力建设美丽乡村。"同年，中央财政依托一事一议财政奖补政策平台，启动了美丽乡村建设试点，美丽乡村建设从地方层面正式上升到国家层面。

2014年，《国家新型城镇化规划（2014—2020年）》出台，明确提出要建设各具特色的美丽乡村。部分省份围绕"生产发展、生活宽裕、乡村文明、村容整洁、管理民主"二十字方针，根据自身特色积极开展美丽乡村创建，如表0-1所示。

表0-1　部分省份对美丽乡村内涵的理解与实践

省份	主　题	实践理解	来　源
浙江	美丽乡村	科学规划布局美村容整洁环境美创业增收生活美乡风文明身心美	《浙江省美丽乡村建设行动计划（2011—2015）》（浙委办〔2010〕141号）

续　表

省份	主　题	实践理解	来　源
安徽	美好乡村	生态宜居村庄美 兴业富民生活美 文明和谐乡风美	《安徽省美好乡村建设规划（2012—2020年）》（皖政〔2012〕97号）
贵州	四在农家	富在农家增收入 学在农家长智慧 乐在农家爽精神 美在农家展新貌	《贵州省"四在农家·美丽乡村"基础设施建设六项行动计划》（黔府发〔2013〕26号）
广西	美丽广西 清洁乡村	村庄秀美 环境优美 生活甜美 社会和美	《广西壮族自治区美丽乡村建设试点实施方案》（桂农改办〔2013〕21号）
福建	美丽乡村	布局美 环境美 建筑美 生活美	《关于推进美丽乡村建设的指导意见》（闽宜居指办〔2014〕4号）
云南	美丽乡村	秀美之村 富裕之村 魅力之村 幸福之村 活力之村	《关于推进美丽乡村建设的若干意见》（云发〔2014〕13号）

（资料源自国家标准化管理委员会：《美丽乡村标准化实践》，中国标准出版社2017年版。）

此外，国家还提出了"以奖促治"的美丽乡村建设政策，着力整治人居环境，建设农民美好生活的家园。党的十九大和2018年中央一号文件进一步提出实施乡村振兴战略，要加快生态文明体制改革，建设美丽中国。

在建设美丽中国的大环境下，不断升级的美丽乡村建设进一步满足了居民的期待。事实上，关于乡村建设的畅想与步伐从未停止过，从乡村改造到社会主义新农村，再到美丽乡村建设，人们一直在为乡土乡情的守护、开拓与传承不断思考并探索。

二、标准化助推美丽乡村建设

乡村标准化建设，一方面是标准化工作的创新应用，另一方面是美丽乡村工作经验的总结提炼。除了政府工作报告及中央文件中提到的美丽乡村建设思路和方向，乡村标准化建设也一直在不断跟进。

我国美丽乡村标准化建设的发展历程，主要经历了自下而上、由上而下、上下联动三个阶段。

1.探索起步阶段（2006—2012年）

美丽乡村标准化建设起源于浙江省安吉县。2006年，由安吉县主导制定的浙江省地方标准《生态村建设规范》（DB33/T 622—2006）发布实施。该规范作为当时新农村建设的指导标准，也可被视作今日美丽乡村建设标准的雏形，为此后的美丽乡村标准化全面铺开奠定了基础。

2008年，安吉在全国率先提出中国美丽乡村建设10年宏伟目标，2010年，又创新性地提出将标准化应用于美丽乡村建设，被国家标准化管理委员会授予"中国美丽乡村标准化创建示范县"荣誉称号。其试点作为成功案例为全国同类地区提供了参照和借鉴，并作为农村可持续发展的典型案例在全世界推广。

2.全面推进阶段（2013—2017年）

标准化试点示范项目是实现美丽乡村建设有标可依、有章可循、有据可考的重要载体。2013年，财政部和国家标准化管理委员会联合下发《关于下达农村综合改革标准化试点项目的通知》，至2016年共建立2批89个农村综合改革标准化试点，覆盖美丽乡村建设中基础设施与村容环境、产业发展、公共服务、村务管理等领域，将用标准化手段把美丽乡村建设这一经验推向全国。

2014年4月，浙江省在总结"千村示范、万村整治"工程经验的基础上，发布了全国首个美丽乡村省级地方标准《美丽乡村建设规范》（DB33/T 912—2014），并将其写入中共浙江省委十三届五次全会提出的"建设美丽浙江，创造美好生活"两美浙江决定，用于指导全省美丽乡村建设。2015年6月，《美丽乡村建设指南》（GB/T 32000—2015）发布，为全国各地美丽乡村建设提供了方向性指导。该标准对美丽乡村建设的基本要素做了统一规范，同时鼓励各地因地制宜、创新发展，填补了我国现有标准体系与美丽乡村系统性建设的空白。在《住房城乡建设部等部门关于开展改善农村人居环境示范村创建活动的通知》（建村〔2016〕274号）中，《美丽乡村建设指南》被纳为住房和城乡建设部等部门评价美丽乡村宜居示范村的依据。山东、海南等8个省份在《美丽乡村建设指南》的基础上，根据各自地域特色制定了《美丽乡村建设规范》《美丽乡村建设导则》等22项省级层面的美丽乡村建设综合性地方标准，作为美丽乡村建设的指南，由此形成了国家标准与地方标准协同推进、互为补充的格局。

3.稳步提升阶段（2018年至今）

在乡村振兴战略背景下，2018年11月，国家标准化管理委员会在北京、江苏等省份开展全国第3批美丽乡村建设标准化试点工作，建设方向紧紧围绕乡村振兴这一重大战略。与前2批相比，增加了小城镇建设、村集体经济发展、村庄可持续发展等内容。同时，美丽乡村标准体系不断完善，《美丽乡村建设评价》（GB/T 37072—2018）发布，《村镇污水处理设施运行效果评价技术要求》等13项美丽乡村相关的国家标准被立项，涵盖的领域更加细分。各省根据中共十九大报告和乡村振兴战略的新部署新要求，继续深化美丽乡村标准化工作，为乡村振兴奠定美丽基础。比如，浙江省授予《美丽乡村建设指南》浙江省标准创新贡献奖重大贡献奖，同时根据新时代美丽乡村的特征与要求，开展了《美丽乡村建设指南》国家标准的绩效评估工作，并在此基础上修订了美丽乡村省标；山东省出台了《美丽乡村标准化试点建设与验收指南》（DB37/T 3467—2018）；江苏省发布了《村（社区）综合性文化服务中心服务规范》（DB32/T 3468—2018）；等等。

无论是从美丽乡村到美丽中国，还是从乡村建设的初步探索到标准化推进，那些或原始或秀丽的乡村，就像一颗又一颗闪亮的钻石，镶缀在中华大地上。它们以秀美的田园风光、独特的地理特征、蓬勃发展的特色农业，展现了淳朴之美、自然之美、和谐之美。

本书就美丽乡村发源地浙江省安吉县的美丽乡村标准化建设历程展开阐述，试图为新时代美丽乡村标准化乃至农村可持续发展规范化、科学化提供一定的借鉴和参考。

目　录

第一章

美丽乡村标准化历程

湖州安吉，是浙江北部一个极具发展特色的生态县，取《诗经》中"安且吉兮"之意得名，有"中国第一竹乡""中国白茶之乡""中国椅业之乡""中国竹地板之都"之美誉。

十多年来，在"绿水青山就是金山银山"的重要理念引领下，安吉坚定走生态立县、绿色发展道路，从农民最迫切的需求入手，整治垃圾、处理污水、硬化道路，加强整体规划。同时，安吉根据浙江省2003年开展的"千万工程"工作部署，精心呵护绿水青山，在全县范围开展农村环境整治提升工作，极大地改善了全县农村人居环境质量。

随着整治范围、内涵的不断延伸拓展，安吉美丽乡村标准化建设不仅具备鲜明的地方特色，也为全国的美丽乡村标准化建设提供了样本，甚至被一些学者誉为"中国新农村建设的鲜活样本""社会主义新农村建设实践和创新典范"。

近年来，国家标准化管理委员会、浙江省市场监督管理局、浙江省农业农村厅等单位领导高度重视安吉的美丽乡村标准化工作，并给予了及时的指导、帮助和全力支持。如今的安吉在县委、县政府亲自抓、亲自协调、亲自研究部署下，"村村优美、家家创业、处处和谐、人人幸福"的现代化新农村处处可见。而全国所有曾派过政府团队到安吉考察取经的省份，在参观过后都明白了一个道理：美丽乡村建设离不开标准化。

第一节　在摸索中前行（2003—2010年）

安吉白茶国家级农业标准化示范区于2003年正式创建，并于2006年制定《地理标志产品　安吉白茶》（GB/T 20534—2006）国家标准。2014年安吉白茶入选中国"质量之光"年度十大地理标志产品。

2004年，为规范正在蓬勃兴起的农家乐的服务质量，安吉制定了地方标准规范《农家乐服务质量通用要求》（DB330523/T 12—2004）。

2007年，中共十七大提出要形成"城乡经济社会发展一体化"新格局，安吉积极响应号召，首次提出建设"中国美丽乡村"，探索建设一种"环境优美、生活富美、社会和美"的现代化新农村的"安吉模式"。

根基实，方能起高楼。

2008年，安吉开启美丽乡村首轮创建序幕，在全县范围内全面铺开中国美丽乡村建设行动。县委、县政府提出以科学发展观为统领，坚持"生态立县、工业强县、开放兴县"三大战略，并提出"村村优美、家家创业、处处和谐、人人幸福"的"中国美丽乡村"建设目标，以"环境提升、产业提升、服务提升、素质提升"四大工程为支撑，将整个县域作为一个大农村来建设，作为一个大景区来管理经营，作为一个大生态博物馆来布局展示。

为使安吉县成为浙江省社会主义新农村建设的示范试点和对外形象品牌，真正对全国新农村建设起到示范引领作用，安吉县委、县政府进行了大胆的探索和创新：在继续修订完善新农村建设考核验收办法的基础上，围绕农村产业发展、农村公共事业建设、农村生态环境保护、农村事务管理等方面的工作，构建"美丽乡村"标准化建设体系，规范有序地推进"美丽乡村"各项建设，使各个环节操作有据、各个项目实施有法、各个岗位考核有章。

2010年，安吉初步形成全面覆盖的城乡社会保障体系，被征地农民基本生活保障、农村最低生活保障实现应保尽保，农村"五保"对象集中供养率、养老保险制度覆盖率、重大疾病医疗救助率均达到100%，每年有15万多名农民享有免费健康体检，90%以上的农民参加了新型城乡合作医疗保险，三级卫生服务网络实现全覆盖，农村社会助学、法律援助、慈善资助和民情反映机制更加健全。安吉的广大农民不再因村庄的偏僻而被现代社会忽略，他们从农村公共服务标准化的供给中得到了真正的实惠。

很快，安吉乡村大地掀起了创建热潮。一个个美丽乡村如雨后春笋般涌现，即使是一些创建基础较为薄弱的村也敢于争先。2010年，国家标准化管理委员会授予安吉县"中国美丽乡村标准化创建示范县"荣誉称号（图1-1）。

图1-1　2010年，安吉县获"中国美丽乡村标准化创建示范县"荣誉称号

在此契机下，安吉县正式开展中国美丽乡村标准化创建示范县的创建工作，成立了以县长为组长、县委副书记为常务副组长、分管副县长为副组长、各部门一把手为成员的中国美丽乡村标准化示范县创建工作领导小组，下设办公室（设县质监局），并定期召开联席会议，调研并布置分解工作任务，定期督促工作落实情况。县级相关部门、全部乡镇也成立了相应的美丽乡村标准化工作推进机构，专门负责指导、落实相应美丽乡村标准化创建工作。

第二节　在示范中提升（2011—2016年）

自中国美丽乡村标准化创建示范县建设工作全面推进以来，安吉继续发挥标准化在城乡统筹协调发展和新农村建设中的基础作用，专门出台了《安吉"中国美丽乡村"标准化示范县创建实施方案》，进一步明确了美丽乡村标准化创建的建设目标、工作任务、保障措施及各部门任务分解。

2011年，安吉成功立项了包括"竹笋标准化栽培推广示范"在内的3个项目，并以标准化项目推广等手段新增近8万亩竹笋栽培基地，实现标准化生产，使示范项目区域内受益人口人均增收1600余元；开展"中国美丽乡村"乡村旅游省级标准化示范区建设，主导制定了《美丽乡村精品游旅行社服务规范》（DB330523/T 02—2011）、《旅游商品示范购物点创建规范》（DB330523/T 03—2011）、《美丽乡村村落文化展示馆服务通用要求》（DB330523/T 01-2011）等3个地方标准规范，协助制定了乡村旅游标准化体系。此外，安吉还发布了《美丽乡村标准化管理基本要求》（DB330523/T 05—2011）、《美丽乡村环境、卫生通用要求》（DB330523/T 31—2011）、《美丽乡村村务管理规范》（DB330523/T 33—2011）、《美丽乡村社区公共服务设施设置及管理维护要求》（DB330523/T 30—2011）、《美丽乡村劳动和社会保障工作规范》（DB330523/T 32—2011）、《美丽乡村公共信息标志管理办法》（DB330523/T 37—2011）等一系列地方标准规范。

2012年，安吉主导制定的《农村生活污水处理技术规范》（DB33/T 868—2012）上升为浙江省地方标准。同年，在浙江省质量技术监督局指导下，安吉启动"美丽乡村省级规范"起草工作。为使这一规范更多地兼顾浙江各地区的实际情况，由浙江省质量技术监督局牵头，相继开展了4轮意见征求活动。

在意见征集的过程中，起草小组分赴11个地市，走访全省46家新农村建设成员单位，召集各类座谈会13场，收到反馈意见289条，最大限度地集中了浙江全省"三农"工作的经验和智慧，最大限度地整合了浙江各地区"三农"工作的差异和特色。以安吉标准为基础并吸纳全省意见的"美丽乡村省级规范"得到了社会各界的一致认可。

要成示范，有基础远远不够，好的载体很关键。

按照党的十八大提出的"把生态文明建设放在突出地位，融入农村经济、政治、文化、社会建设的各方面和全过程，建设美丽乡村"的要求，以及全省打造"连片美、内在美、发展美、风尚美、制度美"的美丽乡村"升级版"工作部署，安吉再次先行先试，引领美丽乡村迈上更高台阶。

2013—2014年，安吉在竹产业、椅业行业内参与制定了《重组竹地板》（GB/T 30364—2013）、《竹窗帘》（LY/T 2150—2013）及《吧椅》（QB/T 4670—2014）等国家、行业、企业联盟标准；2014年4月，由安吉县人民政府、浙江标准化研究院共同起草的我国首个美丽乡村省级地方标准——《美丽乡村建设规范》（DB33/T 912—2014）由浙江省质量技术监督局正式发布，并被浙江省委纳入《关于建设美丽浙江创造美好生活的决定》；2014年，安吉被国标委、财政部选作首个农村综合改革美丽乡村标准化试点县。

为此，安吉制定下发了实施方案，全面推进美丽乡村建设经验、成果的标准转化。经过一年的努力，安吉完成了围绕45项新建设指标的升级版美丽乡村标准体系的建设和对安吉地方标准规范的梳理；发布实施了《美丽乡村气象防灾减灾建设规范》（DB330523/T 42—

2014）、《美丽乡村精品示范村考核验收规范》（DB330523/T 003—2015）等多项安吉地方标准规范；启动了《美丽乡村建设指南》国家标准的编制。

　　2015年4月29日，以安吉县政府为第一起草单位的《美丽乡村建设指南》（GB/T 32000—2015）国家标准正式发布，安吉的美丽乡村建设经验做法实现了从县级标准规范上升为省级标准，最终被确立为国家标准的转变跨越。同年7月，安吉美丽乡村标准化建设案例在*ISO FOCUS*（《ISO焦点》）、《中国标准化》等杂志上发表，向全世界164个国家和地区进行推广宣传，安吉的国际知名度继续扩大，标准化建设的美丽乡村已经成为安吉生态文明和新农村建设的金名片。同年9月，时任安吉县县长沈铭权在标准化与国家治理学术研讨会上，交流了安吉美丽乡村标准化建设工作经验（图1–2）。10月，经国家标准委同意，安吉承办了农村综合改革标准化试点工作推进会，全国39个试点地区的代表参会。其中，安吉美丽乡村标准化建设案例在会上被作为典型经验交流，并被编入《美丽乡村标准化实践》一书。中国美丽乡村标准化研究中心也于会上正式成立，这是我国在县级城市设立的首个，也是全国唯一一个关于美丽乡村标准化研究的行政机构。

图1–2　2015年9月，时任安吉县县长沈铭权在标准化与国家治理学术
研讨会上交流安吉美丽乡村标准化建设工作经验

截至2015年，安吉共建成"中国美丽乡村"精品村160个、重点村12个、特色村3个、精品示范村4个。安吉12个乡镇实现了美丽乡村创建全覆盖，竹乡大地熠熠生辉。南部片区、西南片区美丽乡村精品观光片区基本形成，美丽乡村建设在全省率先实现"连片美"。

2016年7月，安吉以117分的全国最高分通过农村综合改革美丽乡村标准化试点项目验收。全县278个规划保留自然村实施美丽乡村建设提升扩面，村庄环境全面提升。

第三节　在推广中完善（2017年至今）

随着社会经济的不断发展，安吉美丽标准的实践探索逐渐从乡村建设向县域及行政管理、公共服务提供方面延伸。美丽乡村不断升级，美丽县域建设应运而生。

2017年是安吉从美丽乡村建设蜕变为美丽县域建设的历史性的一年。在这一年中，安吉根据实际建设经验，在县域开展了大量的美丽乡村标准体系调研活动，并结合安吉县情先后发布了《美丽乡村民主法治建设规范》（DB330523/T 18—2017）、《市场监管行政服务窗口工作规范》（DB330523/T 19—2017）、《美丽党建工作规范》（DB330523/T 20—2017）、《美丽县域放心消费市场创建》（DB330523/T 21—2017）、《行政服务窗口工作规范》（DB330523/T 22—2017）、《学校食堂管理服务规范》（DB330523/T 23—2017）、《农村社区建设与服务指南》（DB330523/T 24—2017）等标准规范，并于同年12月发布了《美丽县域建设指南》（DB330523/T 27—2017），指明了美丽县域的建设方向。

安吉县地方标准规范《美丽县域建设指南》诞生于2017年末，自

2018年1月开始实施。该标准规范引用各级各方面县域建设相关指导文件和上级标准共67项，并对城乡建设、经济发展、生态环境、民生保障等重要指征项目进行量化规范，共涉及相关指标122项，旨在面向全省乃至全国推广，指导美丽县域建设。在基层政务服务建设上，标准规范中的指标也体现了时下服务型政府建设的要求，除了推动"四张清单一张网"及"最多跑一次"改革向基层延伸外，标准规范特别强调要推进基层决策、执行、管理、服务和结果公开，形成基层政务公开标准体系。

美丽县域作为"绿水青山就是金山银山"重要理念的题中应有之义，与美丽乡村一脉相承，在方向上保持一致，在要求上有所提升。《美丽乡村建设指南》（GB/T 32000—2015）中对美丽乡村的定义是"经济、政治、文化、社会和生态文明协调发展，规划科学、生产发展、生活宽裕、乡风文明、村容整洁、管理民主，宜居、宜业的可持续发展乡村（包括建制村和自然村）"，而《美丽县域建设指南》中对美丽县域的定义则是"经济、政治、文化、社会和生态文明协调发展，城乡融合，实现全体富裕、全域美丽、全面繁荣、全民幸福、全员先进的县域"。后者不仅是前者在地理范围上的升级，更是由局部美向全域美、环境美向发展美、外在美向内在美的提升蜕变，对安吉县公共服务和社会治理的管理服务水平提出了更高要求。

可以说，安吉的美丽，脱胎于"千万工程"，确定于生态立县，实施在美丽乡村，努力在最美县域。2017年的丰硕成果，在2018年得到了进一步的巩固提升。

自党的十九大提出乡村振兴战略之后，新的安吉县美丽乡村标准化建设体系融入"绿水青山就是金山银山"理念，以乡村振兴战略为核心，其总体构架经过不断探索实践，从"一个中心、四个面、三十六个点"发展为"一个中心、五个面、四十四个点"，整个体系涵盖了农村基础设施建设、环境提升、服务保障、产业经营、公共服务等五大子标准体系，实现了农村面貌和人居环境的全面改善，民生保障更加有力，经济活力显著加强，乡村文化日渐繁荣，村务管理民主规范，确保中国美丽乡村建有方向、评有标准、管有办法，如表1-1、表1-2所示。

表1-1 美丽乡村标准化建设体系（升级前）

美丽乡村标准化建设安吉模式	村村优美	规划编制及执行
		村庄建设品味
		生产生活垃圾处理
		村域环境污染治理
		农业资源保护和面源污染治理
		卫生厕所普及
		"四边三化"执行
		殡葬改革
		自然村提升扩面
		长效管理机制及效果
	家家创业	现代产业发展
		村级集体经济壮大
		农业科技创新和运用
		美丽乡村标准体系建设应用和系列商标注册使用及管理
		新农村信息化和用电安全
		"诚信彩虹"农村信用工程
		新型农民培训及"两创"
		农民住房宅基地登记发证及建设许可规范
		村企合作共建
	处处和谐	基层组织建设
		文明村创建
		美丽家庭创建
		便民服务中心规范化建设
		村民自治制度落实
		农村"三资"管理
		平安建设
		民主法治村及信访"无访"村创建
		低收入农户及残疾人权益保障
		"五好"关工委工作及"敬老文明号"创建
		文化传承与发展
		诚信体系建设
		村邮站建设
		广播电视基础设施建设
		交通、消防及生产安全
		村民支持和参与度

续表

美丽乡村标准化建设安吉模式	人人幸福	农民人均纯收入和城乡居民收入比
		学前教育及义务教育法执行
		新型城乡合作医疗参加率
		农村养老保险覆盖水平
		公共卫生服务达标
		文化示范村创建及健身设施建设运行与维护
		便农支付工程建设
		农村安全饮用水
		农村小菜场整治及农村消费者权益保护
		群众幸福度测评

表1-2　美丽乡村标准化建设体系（升级后）

美丽乡村标准化建设安吉模式	产业兴旺	村域内工商资本投入情况
		村级集体经营性收入
		村民人均可支配收入
		就业者素质
		现代产业发展
		集体经营性资产
		新型业态
		新型农民培训及"两创"
		"诚信彩虹"农村信用工程
		村企合作共建
	生态宜居	规划编制及执行
		村庄建设品味
		村域环境污染治理
		农业资源保护和面源污染治理
		卫生厕所普及
		"四边三化"执行
		殡葬改革
		长效管理机制及效果
		农村安全饮用水

续表

美丽乡村标准化建设安吉模式	乡风文明	文明村创建
		美丽家庭创建
		低收入农户及残疾人权益保障
		"五好"关工委工作及"敬老文明号"创建
		文化传承与发展
		诚信体系建设
		村民支持和参与度
	治理有效	基层组织建设
		农村"三资"管理
		农民住房宅基地登记发证及建设许可规范
		便民服务中心规范化建设
		美丽乡村标准体系建设应用和系列商标注册使用及管理
		推进农村社区治理机制建设
		平安村创建
		民主法治村及信访"无访"村创建
		广播电视基础设施建设
		农村安全管理
	生活幸福	学前教育及义务教育法执行
		城乡居民基本医疗保险参保率
		农村养老保险覆盖水平
		公共卫生服务达标
		健身设施建设运行与维护
		便农支付工程建设
		农村小菜场整治及农村消费者权益保护
		群众满意度测评

与此同时，安吉于2018年5月发布了《农村聚餐管理规范》（DB330523/T 026—2018）和《农家乐餐饮服务安全经营规范》（DB330523/T 027—2018）两项县级标准规范，并于同年8月发布了全国首个乡村治理工作地方标准规范——《乡村治理工作规范》（DB330523/T 29—2018），为每个行政村开展乡村治理工作提供了实用性和可操作性兼备的指导。

该标准规范以乡村治理"余村经验"为蓝本，从当前安吉农村发展治理经验中吸纳总结提出了具体的规范措施，内容涵盖"支部带村""发展强村""民主管村""依法治村""道德润村""生态美村""平安护村"和"清廉正村"等11节正文部分和6个单元的附录部分，囊括了组织架构、工作方法、运行流程和负面指标等具体的工作要求，明确了乡村治理与乡村振兴的关系，以"着眼于乡村振兴的整体布局及五个目标的实现"为整体基调，将标准规范定位为"大治理"而不局限于"小治理"，最终实现"村强、民富、景美、人和"的乡村振兴目标。

2018年，以安吉县为主制定的《美丽乡村建设指南》国家标准获评首届浙江省标准创新贡献奖重大贡献奖（图1-3）。

图1-3　2018年10月，以安吉县为主制定的《美丽乡村建设指南》国家标准获首届浙江省标准创新贡献奖重大贡献奖

新时代背景下，安吉美丽乡村的标准化建设工作开始了"标准化＋社会治理"的实践和创新。2019年，安吉主导制定了《美丽乡村气象防灾减灾指南》（GB/T 379626—2019）国家标准，并先后参与制定了

《就地城镇化评价指标体系》（GB/T 36918—2019）和《农村电子商务服务站（点）服务与管理规范》（GB/T 38354—2019）两项国家标准，以及《新时代美丽乡村建设规范》（DB33/T 912—2019）、《放心消费示范村建设与管理规范》（DB330523/T 30—2018）、《餐厨垃圾资源化利用技术规程》（DB33/T 1180—2019）、《城镇生活垃圾处理技术规程》（DB33/T 1185—2019）等四项浙江省地方标准，发布了《生态寺院建设规范》（DB330523/T 31—2019）、《幼儿园游戏课程装备建设规范》（DB330523/T 33—2020）、《垃圾分类示范学校建设规范》（DB330523/T 34—2020）等多项县级地方标准规范。

与此同时，为了贯彻高质量发展要求，全面对接《浙江省乡村振兴战略规划（2018—2022年）》，持续深化"千万工程"，2019年7月，以安吉县为蓝本的《新时代美丽乡村建设规范》浙江省地方标准正式发布。新发布的《新时代美丽乡村建设规范》以《美丽乡村建设规范》（DB33/T 912—2014）为基础，在生态优良、村庄宜居、经济发展、服务配套、民生保障和治理有效等六大方面设置了100余项指标要求，新增垃圾分类、数字乡村、就业服务等内容，创新性地将指标项目分为否决性指标、基础性指标和发展性指标，为新时代美丽乡村提供建设指引和评价依据。

迈入2020年，安吉进一步将"标准化＋"与"绿水青山就是金山银山"理念、八八战略和经济社会转型发展诸多举措进行深度融合，围绕安吉县新时代"绿水青山就是金山银山"试验区建设工作，加快完善制度体系和治理体系，于2020年4月发布了《美丽乡镇建设规范》（DB330523/T 36—2020）。该标准规范针对之前工作基础较薄弱的美丽乡镇建设提出新要求，根据美丽乡镇的形成背景和安吉的突出特色，创造性地将"美丽乡镇"定义为"以经济、环境、民生、文化、治理为一体，协同全面发展，达到产业美、环境美、生活美、人文美、治理美的乡镇行政区域"，突出"美丽经济、美丽环境、美丽文化、美丽民生、美丽党建"五大建设内容，为提升美丽乡镇建设水平、推动城乡融合发展、推进美丽乡镇整体向纵深发展打下坚实基础。

从"一处美"到"一片美"再到"全域美"，安吉的美丽乡村不再囿于山水美、农家富。由局部美向全域美、环境美向发展美、外在美向内在美升华的标准化建设之路，全面诠释了社会生态文明理念，实现了现代文明与自然生态的高度融合，为全国美丽乡村建设提供了范本和借鉴。

第二章

美丽乡村与标准化的关系

　　标准，是指为了在一定范围内获得最佳秩序，经协商一致制定并由公认机构批准，共同使用和重复使用的一种规范性文件，具有服务性、民主性、权威性、科学性、系统性的特点。

　　标准化，是指为了在一定范围内获得最佳秩序，对现实问题或潜在问题制定共同使用和重复使用的条款的活动。它主要是制定标准、实施标准进而修订标准的过程，其作用在于为了预期目的改进产品过程或服务的适用性，防止贸易壁垒，并促进技术合作。这不是一次就能完结的过程，而是一个不断循环、螺旋式上升的运动过程。

　　从定义上来看，标准与标准化都是为了获得最佳秩序，一个看似是静态的文件，一个则是动态的过程。因此，不少人认为两者无论是从概念上还是从逻辑上都存在包含关系。

　　事实上，标准和标准化是互为因果的关系。标准是标准化活动的产物，标准化的目的和作用都是通过制定和实施具体的标准来实现的。所以，标准化活动不能脱离制定、实施和修订标准，这是标准化的基本任务和主要内容；而制定标准又是为了实施标准化，所以标准制定工作要落到实处，不能流于形式。（图2-1）

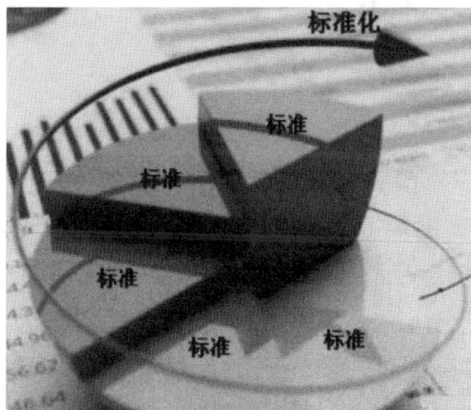

图2-1　标准与标准化

在美丽乡村建设过程中，高质量、合理的乡村建设需要标准化来明确方向，科学、完善的乡村建设需要标准化来进行规范，高效率、低成本的乡村建设需要标准化来探索参照。从标准化角度出发，可加快美丽乡村建设步伐，提高建设效率与质量，缩短流程，为建设高质高效、责任明确的美丽乡村保驾护航。

制定标准是为了保证美丽乡村建设更能满足人们的生活生产需求，真正起到引领约束作用；反过来，标准的制定又在美丽乡村建设的推进中被不断更新完善。两者相辅相成，共同成长。（图2-2）

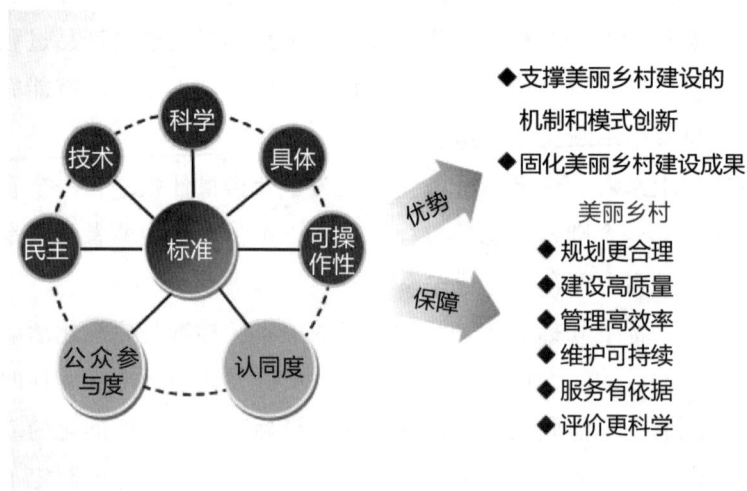

图2-2　标准化与美丽乡村的联系

第一节　蝶变新生，标准引领

自20世纪90年代起，安吉不断反思调整发展战略，从"建设四乡"到"都市后花园"，从"一竹三叶"到"竹业强县、旅游大县"，从"五化一工程"到"培育绿色产业，发展生态经济"，从"生态立县——生态经济强县"到"一地四区，建'中国美丽乡村'"，可以说在经历过短暂的迷茫和工业污染的阵痛后，安吉迅速地归本清源，最终走出了一条符合安吉实际的可持续发展道路——建设美丽乡村。

众所周知，美丽乡村的建设质量需要统一的标准来确保，让标准引领形成高质量的示范区。但在当时，我国还没有出现乡村建设标准。由于国内没有先例可循，安吉就通过借鉴发达国家的一些做法，结合本地实际和百姓需求，将美丽乡村标准体系定位为"村村优美、家家创业、处处和谐、人人幸福"四个方面。

2011年12月，《美丽乡村建设规范》（DB330523/T 28—2011）县级地方标准规范发布。为了保障标准内容全面、有效，安吉在标准规范制定初始就进行了多次实地调查、意见征求和专家评审。

值得一提的是，《美丽乡村建设规范》于2014年升级为浙江省地方标准，进一步总结提炼了安吉县美丽乡村建设的成功经验，规范性地引用了新农村建设现有国家、行业及地方标准21项，成为我国首个美丽乡村省级地方标准，使美丽乡村建设从一个宏观的方向性概念转化为可操作的工作实践。

2015年，《美丽乡村建设指南》（GB/T 32000—2015）国家标准发布。随后，安吉县于2016年进一步提出美丽乡村标准建设要向"品牌化、社会化、系统化和国际化"方向迈进，打造美丽乡村标准化4.0版本。

美丽乡村建设不是轻轻松松、朝夕之间就能完成的。通过全域化推进、标准化引领、品质化提升、多元化投入、产业化经营，安吉培育了一批如余村村、鲁家村、横山坞村等典型示范村，实现了从点到面、从优到精、从美到富的转化，成为全国美丽乡村建设的标杆。

第二节　美丽建设，标准指导

　　标准作为一种国际通用的技术语言，涉及生产生活的方方面面，越来越多地被应用到公共服务提供和创新中。其中，美丽乡村建设过程更是可以被称为"从标准中来，到标准中去"。农村地区长期以来被视为国家工业化建设廉价劳动力的来源和出口生产基地，其发展一直没有得到足够的重视。因此，农村地区的改善过程非常复杂。

　　而标准大大推动了这一过程，将农村发展的国家政策转化为可操作的方法和实践，极大地推动了农村地区的基础设施建设，建立了城镇农村供水、垃圾处理、污水处理和公交系统服务的综合体系，在改善村容村貌的同时保留了阡陌交通、小桥流水、田园屋舍等传统的农村居住环境特点，从而提高了农村生活的质量。

　　事实也是如此，除了国家标准《美丽乡村建设指南》、浙江省地方标准《美丽乡村建设规范》等标准引领美丽乡村建设的总方向，美丽乡村建设的各个环节还需要相应的标准进行指导，各环节制定的地方标准规范也给安吉人民的生活带来了巨大的变化。

　　村容整洁——由于交通设施匮乏，农村生活垃圾的无序丢放是影响村落环境的头号难题。安吉按照地方标准规范《农村生活垃圾分类处理规范》（DB330523/T 002—2015），指导农村居民将生活垃圾分为"可回收、不可回收和可降解的厨余垃圾"。目前，安吉县行政村生活垃圾分类已实现全覆盖。

　　污水处理——安吉县坐落在丛山之间，没有大块的土地可以用来建设污水处理设施。在了解实际情况后，当地政府利用从美国引进的先进技术进行农村生活污水处理实验，在村民密集的住宅之间铺设地下管网，对家庭生活产生的污水进行集中处理。《农村生活污水治理设施运行维护规范》（DB330523/T 011—2015）将农村生活污水治理设施分为两大类，规定了其运维管理操作、制度及监督管理等要求，确保出水水质达到污水排放标准或农田灌溉水质标准。经过8年的探索，至2020年，安吉农村生活污水处理率达100%。

民生保障——安吉县制定了《美丽乡村劳动和社会保障工作规范》（DB330523/T 32—2011）和其他农村公共服务标准规范，确保农村与城镇基本公共服务项目种类相同、质量一致。初步形成全面覆盖的城乡社会保障体系。通过实施农村社区公共服务设施等标准，安吉村村建有农民广场、乡村舞台、篮球场、健步道等全新的休闲设施。

环境美化——通过实施《美丽乡村环境、卫生通用要求》（DB330523/T 31—2011），各个村庄清除了卫生死角，增设了公共绿地，实施了房屋立面改造和围墙美化，村内道路全面设置路灯。通过标准化规划引导，村庄空间更加合理，农民建房更加有序，农居风貌更加和谐。

全民文化——通过实施《美丽乡村社区公共服务设施设置及管理维护要求》（DB330523/T 30—2011），对浙江省首个生态博物馆进行升级改造，增加了多个文化展示馆，在本地社区之间推动文化复兴，有效地传承和弘扬了孝文化、书画文化、竹文化、白茶文化等地域文化。

旅游产业化——编制安吉县旅游标准化发展规划，构建"中国美丽乡村安吉旅游业标准体系"，设立乡村旅游的具体标准指标，发布了《美丽乡村精品游旅行社服务规范》（DB330523/T 02—2011）等多项县级标准规范，解决了乡村旅游业服务行为无章可循、服务质量良莠不齐的问题，推动了乡村旅游业服务质量的提升。

总的来说，标准化指导使乡村建设更加科学、合理、规范，符合农民意志，是辅助造福于民之路前进的利器。

第三节 绿水青山，标准巩固

项目建成不是目的，持续有效的发展才是最终追求。在安吉，把村庄环境整治纳入长效管理已成常态。自2003年开始实施"千万工程"以来，安吉先后以小康示范村建设、中国美丽乡村建设和中国最美县域创建为抓手，大力推进治水治违、治气治霾、治土治废的"六治"行动，深入保护生态环境，努力营造生态、宜居、文明、有序的农村人居环境。

为进一步推进美丽乡村建设，巩固扩大美丽乡村建设成果，安吉一方面编制了涵盖卫生保洁、园林绿化、公共设施管理、生活污水处理设施管理等4大类28个子项的《中国美丽乡村长效管理办法》，严格落实"月督查、月通报、年考核"，把美丽乡村建设提升到专业化、规范化的层面上来；另一方面，先后制定了《美丽乡村考核指标与验收规则》（DB330523/T 29—2011）和《美丽乡村精品示范村考核验收规范》（DB330523/T 003—2015）等考核标准规范，采用"以奖代补"方式，调动社会各界参与美丽乡村建设的积极性。同时，采取"5+X"的模式，明确各部门的义务与责任，严格审核各个有利于安吉县建设发展项目的申报材料，实地考察支农项目的可实施性与成果，全面把控项目资金的拨付与使用，形成办、改、财、建、审多部门联合的"美丽乡村"考核与验收机制。

以精品示范村创建为例，在原美丽乡村建设考核指标与验收办法的基础上，设定了更高标准的建设内容及考核标准。

首先，申报创建实行准入制。《建设"中国美丽乡村"精品示范村考核验收暂行办法》指出，长效管理、班子建设、农民人均纯收入、村级集体经济和产业发展水平及潜力综合评估等5项成绩较好，是申报精品示范村的基本前提条件。而且，申报创建的村庄必须精中选精，比如长效管理方面的准入条件是在"中国美丽乡村"长效管理全年10次考核中，结果均为"较好"以上，其中"好"不得少于5次。

其次，考核标准及要求提高。一是对指标进行调整、强化或新增，由百分制调整为千分制。比如，长效管理机制及效果、"诚信彩虹"工程、先锋工程、文明村创建、农民人均纯收入、新型城乡合作医疗参加率等6项具体指标名称保留不变而内容强化，新增了一些对农村改革和发展更深更高要求的指标，特别是社会管理创新和人的素质提高等。二是增加责任及数据来源部门，在原34个部门的基础上新增了17个责任及数据来源部门，细化考核，提高要求，而且各部门、各行政村在创建中要找到自己最有示范效应的闪光点。比如，编制的标准要达到省级以上水平或者争创全国领先水平。像村民自治制度的落实、农村"三资"管理、信访"三无"创建、农村文化传承与发展等，如果该村在考核验收时仅仅达到了市级标准，仍然会扣掉一定分数，唯有达到省级标准以上才能加分。最后，考虑到精品示范村创建要求高、内容多，《建设"中国美丽乡村"精品示范村考核验收暂行办法》将创建时间增至2—3年，设置了2年的巩固期，给申报村留足时间，并且根据创建村考核得分的不同档次，实行不同标准的以奖代补。

在精品村里打造示范村，结合创建实践，美丽乡村考核标准也在连年升级。截至2017年底，29个村创建成美丽乡村精品示范村。随着美丽乡村建设由建设美丽环境逐步向发展美丽经济转变，2018年，安吉进一步修订完善"中国美丽乡村"精品示范村考核验收办法，新增了7个事关"产业兴旺"的考核指标，重点加强对创建中村域工商资本投入、现代产业发展、新型业态发展等方面的引导和考核，助推乡村经营的开展。2019年，安吉县率先消除40个经济欠发达村，完成创建美丽乡村精品示范村55个、精品村122个、重点村8个、特色村2个，完成了对1100个左右规划保留自然村的美丽乡村建设提升扩面工作。

由此可见，美丽乡村建设通过标准化这一基准，将抽象理念具体化，从而明确建设的具体举措，细化建设的各项实践内容，摸索出一套科学完善的长效管理机制，最终形成丰富完备、条理清晰的理论系统与实践发展模式，进一步巩固了美丽乡村建设成果。

第四节　争创一流，标准提升

如今，中国美丽乡村建设已进入第二个10年。为继续发挥"领头羊"作用，安吉在2017年就提出了建设"中国最美县域"的发展愿景，并发布了《美丽县域建设指南》（DB330523/T 025—2017）地方标准规范。这既是打造中国美丽乡村升级版的现实要求，也是深化富裕美丽幸福安吉建设的客观需要。

在乡村经营上，一是注重县域整体的经营开发。安吉把全县作为一个大乡村、大景区来统一经营开发，连续出台了《安吉县经营乡村行动计划》和《安吉县加快发展休闲经济若干政策（试行）》等文件，明确了以县域交通环线为脉络，做出四条精品带，串起六大核心区，形成"一环四带六区"的整体经营布局。二是注重村庄主体经营开发。2018年，安吉出台了《安吉县"乡村经营示范村"创建工作试点办法》，启动乡村经营示范村创建，倡导经营村庄的理念，助推乡村振兴，创新美丽乡村建设所需的土地、资金等要素保障机制，鼓励把村集体当成一个公司来开发运营，打造出一批村庄经营示范典型。三是注重农民参与的经营开发。发布了《农家乐餐饮服务安全经营规范》（DB330523/T 027—2018）、《安吉竹林鸡生产技术规范》（DB330523/T 32—2020)等标准规范，让村民创业有标可依，有效解决村美和民富的关系。

在乡村管理上，安吉创新形式，注重长治。抓牢基层党建，实施"五个"所有，全面规范村级事务管理。突出农村垃圾分类处理、智慧乡村等建设重点，协同镇级监管队伍同步监督项目建设，坚持依法依规，每个项目严格按照招投标程序运行。加强村民自治管理，全面修订和完善《村规民约》和《自治章程》，做到村务监督公开，"三资"（农村集体资金、农村集体资产和农村集体资源）管理规范。2019年，安吉入选全国首批乡村治理体系建设试点县。截至2020年4月，农村垃圾分类已覆盖安吉县所有行政村，惠及农户11.8万户，安吉成为全国农村生活垃圾分类和资源化利用示范县。

在优秀传统文化挖掘和弘扬上，安吉重视挖掘和传承其特有的孝文化、竹文化、茶文化、昌硕文化、畲族文化和移民文化，重视建设农村文化设施，发布了《美丽乡村村落文化展示馆服务通用要求》（DB330523/T 01—2011）、《农村电影院（剧院）建设与服务管理规范》（DB330523/T 014—2015）等标准规范，推动了乡土文化产业的发展。2019年，安吉县地方标准规范《生态寺院建设规范》（DB330523/T 31—2019）发布实施。《生态寺院建设规范》以"绿水青山就是金山银山"理念为指导，将宗教活动场所建设、宗教文化活动与生态文明建设相结合，不仅加强了对寺院内外生态环境的保护，也对寺院内宗教活动进行规范，由此进一步提升宗教活动场所建设、宗教文化活动的层次和内涵，提高宗教为经济社会发展服务的能力和水平。

美丽乡村标准化建设是一项"惠及当下，利在远久"的伟大工程。在行政村全覆盖的基础上，安吉把美丽乡村建设上升为美丽县域战略，同时提出了美丽乡镇建设，建设目标实现了由局部美向全域美、环境美向发展美、外在美向内在美的"升华"，构建新时代乡村、乡镇和县域三级美丽标准体系。只有通过不断实践，提高美丽乡村建设工作的科学化水平，标准化工作才能更合理、更高效地引领美丽乡村建设总方向，指导美丽乡村建设全过程，巩固美丽乡村建设的优秀成果，形成"搞了好、好了优、优了推"的螺旋式上升模式。

第三章

美丽乡村建设标准体系与系列标准

第一节　标准体系升级

一、安吉美丽乡村建设标准化工作升级

安吉县作为我国美丽乡村标准化工作的发源地，从2008年开始，便围绕"1个标准、4个方面、36项指标"创新开展美丽乡村标准化创建工作，成效斐然。

随着"国家级美丽乡村标准化示范县"创建工作的正式开展，美丽乡村建设的深入推进，构建更加系统完善的标准化体系被提上议事日程。安吉在原有36项考核指标的基础上，通过收集采用相应上级标准，借鉴国际标准和国外先进标准，整合提炼自身原有规范要求，围绕"村村优美、家家创业、处处和谐、人人幸福"等4项目标，编制了"基本公共服务和社会管理标准体系、基础标准体系、长效管理标准体系、村庄建设标准体系、生态环境保护与污染治理标准体系、产业经营标准体系"等6大标准体系（图3-1）。

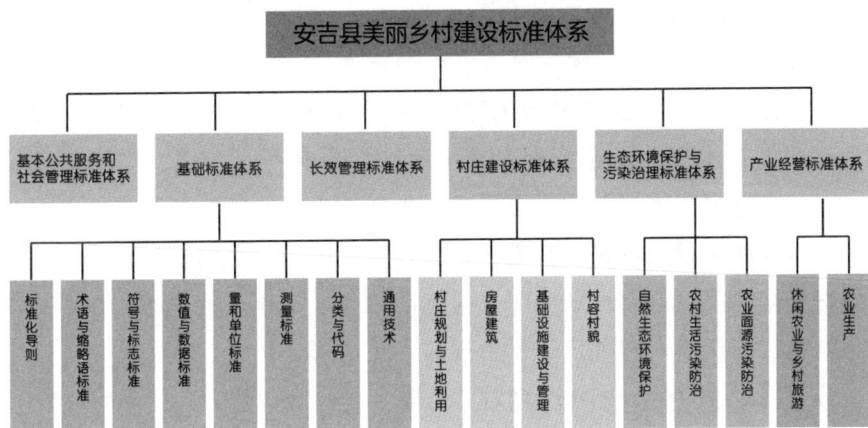

图3-1　安吉县美丽乡村建设标准体系框架

　　该体系涉及相关法律法规、标准及规范400余项，涵盖了美丽乡村的建设、管理、经营等各方面内容，是集生态环境标准化建设、农村产业标准化经营、农村公共事业标准化开展、农村事务标准化管理于一体的美丽乡村建设标准化体系。

　　之后标准体系不断修改完善，2018年，该体系被全面纳入乡村振兴战略，并进行更新升级，整个体系涵盖各项法律法规、标准规范500余项，分为农村基础设施建设、环境提升、服务保障、产业经营、公共服务等5大子标准体系（图3-2）。

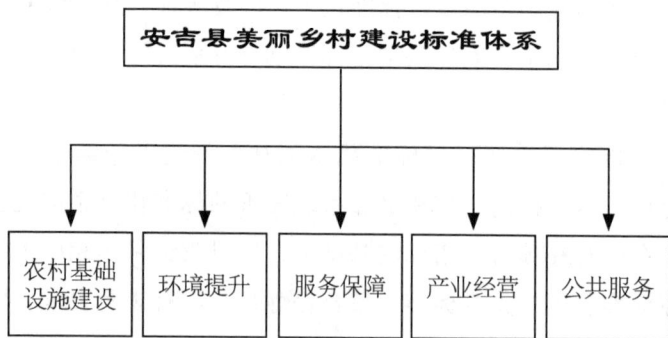

图3-2　安吉县美丽乡村建设标准体系

　　与此同时，安吉美丽乡村标准化工作也经历了地标（1.0版）、省标（2.0版）、国标（3.0版）的蜕变升级。为开拓美丽乡村标准化建设的新纪元，2016年至今，安吉县以"四化"举措打造出美丽乡村标准化4.0版。

　　一是安吉美丽乡村标准化建设工作品牌化。近年来，安吉的美丽乡村建设在全省乃至全国都走在了前列，也获得了"美丽中国最美城镇""中国最美乡村""中国最美历史文化小镇"等系列美誉，美丽品牌的名气越来越大。在此基础上，安吉继续扩大"美丽乡村标准化建设品牌"知名度，录制全新美丽乡村标准化建设工作宣传视频，在全县数字电视、公交车、户外广告平台投放，在微博、报纸、微信公众号多个平台开展专题宣传，加深受众对"美丽乡村标准化建设"的品牌印象。

　　二是安吉美丽乡村标准化建设推广社会化。安吉在招商引资的过程中，努力寻找跨界合作，为实现美丽乡村标准化建设的社会化，在安吉县搭建美丽乡村信息平台，为前来取经的各地政府提供美丽乡村标准化建设、宣讲及参观实践服务，并因地制宜，为各地量身定做美丽乡村标准化建设模式，提供建设帮扶业务。

三是安吉美丽乡村标准化建设发展系统化。发布实施《美丽乡村水环境优美村创建标准》（DB330523/T 010—2015）、《农村厨余垃圾资源化处理导则》（DB330523/T 46—2015）、《美丽党建工作规范》（DB330523/T 020—2017）等系列地方标准规范。标准制定部门联动，围绕基础设施建设、公共服务提供、党组织建设等各条线齐头并进，实现整个美丽乡村标准体系的升级。同时，与浙江省标准化研究院在安吉高家堂村共建中国美丽乡村标准化实践基地，邀请各类标准化专家到实践基地调研考察，提出宝贵意见，并深入农民群众，开展美丽乡村标准化建设工作专访调研，收集群众的"用户体验"，指导"美丽乡村标准化建设产品"的完善提升。

四是安吉美丽乡村标准化建设成果国际化。ISO国际标准化组织秘书长罗博·斯蒂尔等人先后到安吉考察美丽乡村标准化工作（图3-3），*ISO FOCUS*杂志也向164个国家和地区推广介绍了安吉美丽乡村标准化建设的案例。美丽乡村标准化建设工作已经走向国际。

图3-3 ISO国际标准化组织秘书长罗博·斯蒂尔（中）考察美丽乡村标准化工作

二、安吉美丽乡村建设标准体系框架

在党的十九大提出乡村振兴战略之后，新的安吉县美丽乡村标准化建设体系融入"绿水青山就是金山银山"理念，以乡村振兴战略为核心，构建起以"一中心，五个面，四十四个点"为总体构架的标准体系框架。

"一中心"是指以科学规划布局美、村容整洁环境美、创业增收生活美、乡风文明身心美，宜居、宜业、宜游的经济、政治、文化、社会、生态文明协调发展为总目标；"五个面"是指产业兴旺、生态宜居、乡风文明、治理有效、生活幸福；"四十四个点"就是44项考核指标（参见第12—13页表1-2）。整个体系涵盖各项法律法规、标准规范500余项。标准体系实现了农村面貌和人居环境的全面改善，民生保障更加有力，经济条件显著提升，乡村文化日渐繁荣，村务管理民主规范。

完善的美丽乡村标准体系，可以促使标准的组成完整有序，能给予美丽乡村的建设主体内容、建设技术、运行维护、服务及评价等各个环节一定的技术指导，能有效巩固和持续发展美丽乡村的建设成果。

对美丽乡村建设各领域进行规范，实现美丽乡村的良性发展，不仅有利于统筹解决"三农"问题，稳定农业、农民和农村，而且有助于统筹实现区域、城乡、社会经济、人与自然的和谐发展，有力推进社会主义新农村建设，加快全面建设小康社会。

第二节 《美丽乡村建设指南》解读

一、背景意义

标准化是美丽乡村建设的有力抓手和创新驱动力。2010年，国家标准化管理委员会首次将安吉美丽乡村标准化建设列为第7批农业标准化试点项目，创新地将标准化的应用从农业、工业转向美丽乡村、社会治理等更为广阔的领域，并取得了显著成效。安吉以"环境提升、产业提升、服务提升、素质提升"等4大工程为支撑，走出一条三产联动、城乡融合、农民富裕、生态和谐的符合地方特色的科学发展道路，为中国美丽乡村的全面建设和深化提供了样本。

但是不容忽视的是，乡村建设治理实践中仍存在公共服务资源配置效率低、管理水平不高、城乡区域差别大等突出问题；在实现"美"的过程中，缺乏建设过程的界定和引导；在建设主体内容、建设技术、运行维护、服务及评价等各个环节上缺乏统一的技术指导。在建设过程中，普遍存在重建设、轻管理的问题，使得美丽乡村的建设成果无法有效地巩固和持续发展。因此，为了更好地推进试点建设，推动美丽乡村建设的顺利开展和实施，真正实现美丽乡村的可持续、保生态和惠民生发展，急需出台国家标准作为建设指南，统筹协调各方利益，兼顾全国，做好顶层设计，对美丽乡村的最基本要求加以统一。

二、标准的主要框架

2015年6月1日，《美丽乡村建设指南》（GB/T 32000—2015）国家标准正式实施，这是美丽乡村建设史上的标志性事件。该标准由国务院农村综合改革工作小组办公室提出，委托浙江省湖州市安吉县人民政府、浙江省标准化研究院、福建省标准化研究院、中国标准化研究院、农业部科技教育司等近10家单位起草，充分借鉴各省区市美丽乡村建设的成功经验，综合考虑各地差异性，提炼共性部分后确定标准内容框架和核心技术。

什么是"美丽乡村"？不同的人有不同的看法和判断。概括起来，"美丽乡村，就是有房住，能吃好；能医病，能养老；有欢乐，风气好；山水美，污染少"。而与之直接相关联的，包括生态环境优良、经济发展良性循环、农民收入稳定增长、社会公共服务完善、社会风气文明和谐等内容。在总结各地区成功经验的基础上，确定了美丽乡村的内涵是"经济、政治、文化、社会和生态文明协调发展，规划科学、生产发展、生活宽裕、乡风文明、村容整洁、管理民主，宜居、宜业的可持续发展乡村（包括建制村和自然村）"，并以美丽乡村五位一体、生态美、生活美、生产美、行为美的建设目标为主线确立标准框架（图3-4）。

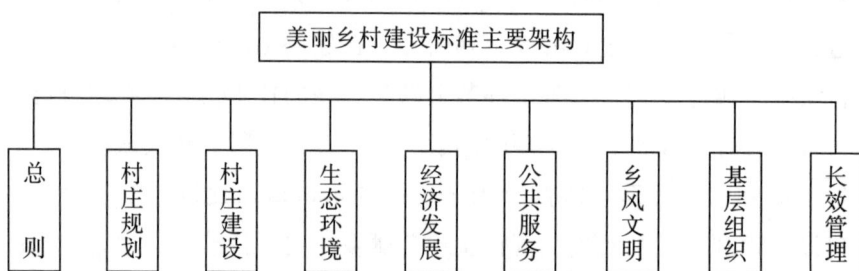

图3-4 《美丽乡村建设指南》主要架构

三、标准的主要内容

《美丽乡村建设指南》由12个章节组成，规定了美丽乡村的村庄规划、村庄建设、生态环境、经济发展、公共服务、乡风文明、基层组织等内容的具体标准，这是国家层面首个与美丽乡村系统性建设相关的标准。

它与现行的标准、法律法规相一致，将定性和定量相结合，明确了美丽乡村建设的总体方向和基本要求，在生态环境等领域提炼出21项美丽乡村重要量化标准值数字的指标，如表3-1所示。例如路面硬化率达100%，村域内工业污染源达标排放率100%，农膜回收率超过80%，农作物秸秆综合利用率超过70%，使用清洁能源的农户数比例超过70%，在出台农村环境保护、发展生态循环农业等政策时，这些指标具有重要的参考价值。

表3-1　《美丽乡村建设指南》中的量化指标

序　号	指　标　项	量化标准值
1	路面硬化率	100%
2	农膜回收率	≥80%
3	农作物秸秆综合利用率	≥70%
4	畜禽粪便综合利用率	≥80%
5	病死畜禽无害化处理率	100%
6	村域内工业污染源达标排放率	100%
7	生活垃圾无害化处理率	≥80%
8	生活污水处理农户覆盖率	≥70%
9	使用清洁能源的农户数比例	≥70%
10	林草覆盖率	山区：≥80%
		丘陵：≥50%
		平原：≥20%
11	村卫生室建筑面积	≥60m²
12	户用卫生厕所普及率	≥80%

续　表

序号	指　标　项	量化标准值
13	卫生公厕拥有率	≥1座/600户
14	学前一年毛入园率	≥85%
15	九年义务教育目标人群覆盖率	100%
16	九年义务教育目标人群巩固率	≥93%
17	基本养老服务补贴目标人群覆盖率	≥50%
18	农村五保供养目标人群覆盖率	100%
19	农村五保供养目标人群集中供养能力	≥50%
20	村民享有城乡居民基本医疗保险参保率	≥90%
21	管护人员比例	≥常住人口的2‰

《美丽乡村建设指南》为开展美丽乡村建设提供了框架性、方向性的技术指导，使美丽乡村建设有标可依，使乡村资源配置和公共服务有章可循，使美丽乡村建设有据可考。这既是美丽乡村建设水平验收的标准，也是乡村建设质量过程监管的依据，还可作为农村农业政策效果评价、政府绩效评价的工具。

其中，"村庄建设"是安居的主要内容。《美丽乡村建设指南》提出了以规划先行，体现乡村特色、地域风格和历史风貌，注重卫生安全及环境协调为原则的基本要求。

《美丽乡村建设指南》将"以人为本"的原则贯穿于美丽乡村建设的各个环节，村庄规划与村庄建设注重村民的自愿和参与；通过6项量化指标就医疗卫生、公共教育、文化体育、社会保障、劳动就业、公共安全、便民服务等公共服务提出了具体量化要求。

该指南明确了美丽乡村建设的重点方向、重点领域及主要目标，为政府财政的投入提供了决策参考，有利于将各个部门的资源、公共设施进行整合与综合利用，有利于美丽乡村的可持续经营和发展，从而节约国家财力，有效提升财政资金的使用效率。

美丽乡村建设是一项庞大的系统性综合工程，涉及环保、公共服务、社会管理、规划等方方面面，涉及建设、管理、运行、维护、评价等多个环节。因此，《美丽乡村建设指南》强调系统和综合的理念，以技术性、指导性为基础，注重方向性、指导性和原则性，努力为美丽乡村的高质量建设、综合性治理、可持续维护、规范化服务、科学化评价提供技术支撑。

四、重点条文解读

（一）术语和定义

【标准条文】

> 美丽乡村 beautiful village
>
> 经济、政治、文化、社会和生态文明协调发展，规划科学、生产发展、生活宽裕、乡风文明、村容整洁、管理民主，宜居、宜业的可持续发展乡村（包括建制村和自然村）。

【释义】

美丽乡村的定义，应与中央精神及当代对美丽乡村的内涵理解和定位相一致。因此，标准中美丽乡村的定义重点突出三个层次。第一个层次：表明美丽乡村应是五位一体协调发展。有关五位一体的表述"经济、政治、文化、社会和生态文明协调发展"，与党的十八大报告相一致。第二个层次：表明美丽乡村建设的具体特征。在党的十六届五中全会《中共中央关于制定国民经济和社会发展第十一个五年规划的建议》中，在有关社会主义新农村"生产发展、生活宽裕、乡风文明、村容整洁、管理民主"20字建设目标的基础上，与时俱进，增加了"规划科学"4个字，突出规划引领的重要性。第三个层次：表明美丽乡村建设的终极目标，应是人民安居乐业的可持续发展的乡村。

（二）总则

【标准条文】

4　总则

4.1　坚持政府引导、村民主体、以人为本、因地制宜的原则，持续改善农村人居环境。

4.2　规划先行，统筹兼顾，生产、生活、生态和谐发展。

4.3　村务管理民主规范，村民参与积极性高。

4.4　集体经济发展，公共服务改善，村民生活品质提升。

【释义】

总则是美丽乡村建设必须遵循的总体原则，也是贯穿《美丽乡村建设指南》每一条的基本要义。标准条款阐明了以下几点。

1. 政府、村民在美丽乡村建设中所发挥的作用。

2. 美丽乡村建设应将"以人为本"贯穿始终，实实在在为村民生活品质的提升和安居乐业服务。

3. 美丽乡村的建设应"因地制宜"，具有地方特色，采取适宜的模式，区分轻重缓急，分阶段、分重点有序推进，防止生搬硬套，不大拆大建，不搞"一刀切"。

4. 美丽乡村建设的四大方向：农村人居环境改善、集体经济发展、公共服务改善、村民生活品质提升。

5. 美丽乡村建设的最终目标：生产、生活、生态和谐发展。

6. 美丽乡村建设应做好顶层设计，统筹兼顾。

（三）村庄规划

【标准条文】

5　村庄规划

5.1　规划原则

5.1.1　因地制宜

5.1.1.1　根据乡村资源禀赋，因地制宜编制村庄规划，注重传统文化的保护和传承，维护乡村风貌，突出地域特色。

5.1.1.2　村庄规模较大、情况较复杂时，宜编制经济可行的村庄整治等专项规划。历史文化名村和传统村落应编制历史文化名村保护规划和传统村落保护发展规划。

【释义】

因地制宜是村庄规划的首要原则。一方面，体现为应根据乡村资源禀赋，保持乡村特色特点；另一方面，体现为应依据现有条件，尊重现有格局，在村庄现有布局和格局的基础上，以村庄整治为主要内容，不搞大拆大建，因地制宜地确定村庄规划内容及深度。同时要求对于历史文化名村和传统村落，应依据《历史文化名城名镇名村保护条例》《关于切实加强中国传统村落保护的指导意见》（建村〔2014〕61号）的相关要求，编制历史文化名村保护规划和传统村落保护发展规划，以加强历史文化和传统文化等资源的保护与传承。

【标准条文】

5.1.2　村民参与

5.1.2.1　村庄规划编制应深入农户实地调查，充分征求意见，并宣讲规划意图和规划内容。

5.1.2.2　村庄规划应经村民会议或村民代表会议讨论通过，规划总平面图及相关内容应在村庄显著位置公示，经批准后公布、实施。

【释义】

村民是美丽乡村的建设主体和成果的享有者。村庄规划落地的关键是村民的参与和理解。村庄规划应以村民参与为主要原则。

村民参与是村庄规划在不同阶段不同程度地让村民介入工作环节的过程，涉及村庄规划实施中的多元主体。各地可根据地方实际建立村庄规划中"村民参与"的工作机制，使村民能有效参与村庄规划的制定、实施、监督及分享利益的全过程，以加强村庄规划的指导性，提高规划的可操作性和村民参与性，确保规划落地实施。

【标准条文】

5.1.3　合理布局

5.1.3.1　村庄规划应符合土地利用总体规划，做好与镇域规划、经济社会发展规划和各项专业规划的协调衔接，科学区分生产生活区域，功能布局合理、安全、宜居、美观、和谐，配套完善。

5.1.3.2　结合地形地貌、山体、水系等自然环境条件，科学布局，处理好山形、水体、道路、建筑的关系。

【释义】

通过合理布局实现村庄空间布局优化、村庄功能体系优化是村庄规划的首要任务。村庄规划应结合地形地貌、山体、水系等自然环境条件，科学处理生产、生活、生态、文化之间的关系，处理好山形、水体、道路、建筑的关系，功能布局应合理、安全、宜居、美观、和谐，配套完善。

村庄规划要做到合理布局，应符合土地利用的总体规划，注重规划间的横向衔接、纵向衔接，做好与镇域规划、经济社会发展规划和各项专业规划的协调衔接，注重与土地用途空间管制、城乡建设空间管制、生态环境空间管制相衔接。

【标准条文】

5.1.4 节约用地

5.1.4.1 村庄规划应科学、合理、统筹配置土地，依法使用土地，不得占用基本农田，慎用山坡地。

5.1.4.2 公共活动场所的规划与布局应充分利用闲置土地、现有建筑及设施等。

【释义】

在村庄规划设计中，应将合理用地、节约用地的原则贯彻到规划的各个阶段、各个环节之中，应根据国家和地方的有关政策、技术标准和规范等规定，在合理用地的前提下，结合实际情况，将节约用地的各项措施因地制宜地运用到各个规划阶段。应以严格保护耕地为前提，以控制建设用地为重点，以节约集约用地为核心，合理统筹安排各项用地。如盘活现有土地存量，做好旧村改造，确定合理拆建比；立足现有基础进行房屋和基础设施改造，充分利用村内空闲地、闲置宅基地等存量建设用地，充分利用低丘缓坡和"四荒地"，尽量不占或少占耕地；有条件的地方，要在充分尊重农民意愿的前提下，在依法依规的基础上，因地制宜，引导农民集中建房，以集中促进节约集约，提高农村建设用地利用率。

（四）经济发展

【标准条文】

8 经济发展

8.1 基本要求

8.1.1 制定产业发展规划，三产结构合理、融合发展，注重培育惠及面广、效益高、有特色的主导产业。

8.1.2 创新产业发展模式，培育特色村、专业村，带动经济发展，促进农民增收致富。

8.1.3 村级集体经济有稳定的收入来源，能够满足开展村务活动和自身发展的需要。

【释义】

《美丽乡村建设指南》中8.1条文在宏观层面上提出了农村经济发展的基本要求：

一是应制定产业发展规划，对村庄产业的一、二、三产业融合发展加以引导，优化农业结构，注重培育惠及面广、效益高、有特色的主导产业。

二是强调特色和专业，创新产业发展模式，培育特色村、专业村。只有更好地发挥区域优势，才能更好地适应个性化、多样化的消费需求，以有限的农业资源促进农民增收。

三是强调了村集体经济的重要性。由于近年来美丽乡村建设的快速推进，各类道路、水利等基础设施建设项目逐年递增，可是不少行政村无固定的收入来源，在项目建设过程中举债筹资；同时，村级集体后续维护费用逐年攀升，面临着巨大的经济压力。由于农村地理位置、外部环境、资源状况等情况都各不相同，因此各村要立足优势、选准路子，采取多种模式发展壮大村级集体经济，夯实美丽乡村基础，使发展成果更多更好地惠及广大农民群众。安吉县横山坞村结合其转椅工业园区的资源，通过物业租赁，打造以物业经济为主的村集体经济发展模式，村集体经济年收入超800万元。

（五）公共服务

【标准条文】

> 9　公共服务
>
> 9.1　医疗卫生
>
> 9.1.1　建立健全基本公共卫生服务体系。建有符合国家相关规定、建筑面积≥60m² 的村卫生室；人口较少的村可合并设立，社区卫生服务中心或乡镇卫生院所在地的村可不设。
>
> 9.1.2　建立统一、规范的村民健康档案，提供计划免疫、传染病防治及儿童、孕产妇、老年人保健等基本公共卫生服务。

【释义】

《美丽乡村建设指南》中9.1.1条文的内容主要是基本公共卫生服务体系的建设及村医疗卫生公共服务设施的建设。9.1.2条文主要从医疗卫生服务内容和要求的角度做出规定。基本公共卫生服务可参照原卫生部发布的《国家基本公共卫生服务规范》。

【标准条文】

> 9.2　公共教育
>
> 9.2.1　村庄幼儿园和中小学建设应符合教育部门布点规划要求。村庄幼儿园、中小学学校建设应分别符合GB/T 29315、建标109的要求，并符合国家卫生标准与安全标准。
>
> 9.2.2　普及学前教育和九年义务教育。学前一年毛入园率≥85%；九年义务教育目标人群覆盖率达100%，巩固率≥93%。
>
> 9.2.3　通过宣传栏、广播等渠道加强村民普法、科普宣传教育。

【释义】

《美丽乡村建设指南》中9.2.1条文提出应全面改善农村义务教育薄弱学校的基本办学条件，提高农村学校的教学质量。因地制宜地保留并办好村小学和教学点。支持乡村两级公办和普惠性民办幼儿园建设农村幼儿园、中小学，应实行规范化建设和教学，符合部门布点规划要求的农村幼儿园、中小学应符合《中小学、幼儿园安全技术防范系统要求》（GB/T 29315—2012）、《农村普通中小学建设标准》（建标109）的要求，并应符合国家卫生标准与安全标准及其他相关的教学类标准，如《学校安全与健康设计通用规范》（GB 30533—2014）、《中小学校教室采光和照明卫生标准》（GB 7793—2010）等，通过规范化建设和师资力量的交流机制，逐渐缩小幼儿园及学校在硬件设备、师资力量等方面的城乡差距，推动资源配置均衡。

《美丽乡村建设指南》中9.2.2条文规定了对九年义务教育和学前教育的普及要求，9.2.3条文则从普法、科普教育的层面提出了要求。

【标准条文】

9.3.2 文体活动

定期组织开展民俗文化活动、文艺演出、讲座展览、电影放映、体育比赛等群众性文体活动。

【释义】

群众性的文体活动是公共文化服务的表现形式之一。应充分利用文体设施，提高设施利用率，采取群众喜闻乐见的形式定期开展文体活动，包括送文化下乡、文艺走亲及村里群众自发组织的文艺活动等形式。各地可结合实际从群众文体队伍的建设、文体活动开展的频次及内容等方面提出更为细化的要求。如《浙江省基本公共文化服务标准》规定，农家书屋每星期开放时间不少于40小时；有线对农广播覆盖率达到80%；农村有线广播村村响每天播出次数不少于2次，每次不少于30分钟；电视自办对农栏目每星期达3档（含3档）以上，平均每档不少于10分钟；为农村群众提供数字电影放映服务，其中每年国产新片（院线上映不超过2年）比例不少于1/3；每个村（社区）每年组织群众性文体活动不少于2次。

【标准条文】

9.4 社会保障

9.4.1 村民普遍享有城乡居民基本养老保险，基本实现全覆盖。鼓励建设农村养老机构、老人日托中心、居家养老照料中心等，实现农村基本养老服务。

9.4.2 家庭经济困难且生活难以自理的失能半失能65岁及以上村民基本养老服务补贴覆盖率≥50%。农村五保供养目标人群覆盖率达100%，集中供养能力≥50%。

9.4.3 村民享有城乡居民基本医疗保险参保率≥90%。

9.4.4 被征地村民按相关规定享有相应的社会保障。

【释义】

《美丽乡村建设指南》中9.4.1条文对农村养老保障提出了要求。首先明确了农村基本养老保险的覆盖面和受惠面，其次对社会养老服务体系的建设提出了要求，这在我国进入老龄化阶段的当前尤其重要。

9.4.2条文针对特殊群体的社会救助，提出应建立健全较为完善的社会救助体系，主要涉及家庭经济困难且生活难以自理的失能半失能65岁及以上村民、农村五保供养目标人群的最低生活保障。

9.4.3条文对农村基本医疗保险的覆盖面提出了要求。考虑到地区的差异性，条文并未明确具体保障标准，而是以国家的基准保障线为基础，各地可依据地方经济水平等条件做出相应调整。

9.4.4条文对被征地村民的社会保障提出了要求。被征地农民是新型城镇化发展背景下所必然产生的群体。《国家基本公共服务体系

"十二五"规划》（国发〔2012〕29号）指出，应完善被征地农民基本生活保障制度，实行先保后征。

【标准条文】

9.5 劳动就业

9.5.1 加强村民的素质教育和技能培训，培养新型职业农民。

9.5.2 协助开展劳动关系协调、劳动人事争议调解、维权等权益保护活动。

9.5.3 收集并发布就业信息，提供就业政策咨询、职业指导和职业介绍等服务；为就业困难人员、零就业家庭和残疾人提供就业援助。

【释义】

《美丽乡村建设指南》中9.5.1条文以提高农村劳动力自身素质、提升就业能力为目标，提出了实施农民工职业技能提升计划，加强村民的素质教育和技能培训，培养新型职业农民的要求。9.5.2条文以依法保障农民工劳动权益为目标，提出了劳动用工管理及服务的要求。9.5.3条文以完善就业服务、创造就业机会为目标，提出了相关就业服务要求。在实际工作中，部分地区构建了县、镇、村三级标准化劳动就业服务平台，以此为载体，对城乡劳动就业平台的设施、人员配置、服务提供和管理实施全过程规范化，从而完善城乡就业服务体系建设、提供就业信息资源调查与管理、就业信息收集与发布、就业服务、农村公益性岗位开发等一系列服务。

【标准条文】

9.6 公共安全

9.6.1 根据不同自然灾害类型建立相应防灾设施和避灾场所，并按有关要求管理。

9.6.2 应制定和完善自然灾害救助应急预案，组织应急演练。

> 9.6.3 农村消防安全应符合GB 50039的要求。
>
> 9.6.4 农村用电安全应符合DL 493的要求。
>
> 9.6.5 健全治安管理制度，配齐村级综治管理人员，应急响应迅速有效，有条件的可在人口集中居住区和重要地段安装社会治安动态视频监控系统。

【释义】

《美丽乡村建设指南》中9.6.1条文和9.6.2条文针对自然灾害的防灾减灾提出了要求。一方面，各地应根据不同灾害类型，加强防灾设施和避灾场所的建设；另一方面，应有完善的村级自然灾害救助应急预案，预案响应机制健全，并组织演练，提高各方面的应急响应及救助能力。

9.6.3条文对农村消防安全提出了要求。《农村防火规范》（GB 50039—2010）结合农村消防工作实际和经济发展现状，对农村消防规划、建筑耐火等级、火灾危险源控制、消防设施、公用场所消防安全技术要求、消防常识宣传教育的主要内容等做出了规定。

9.6.4条文对农村用电安全提出了要求。《农村安全用电规程》（DL 493—2001）明确了安全用电管理中各责任方的职责和农村安全用电的具体要求，包括电线敷设、电源设计与安装等。

【标准条文】

> 9.7 便民服务
>
> 9.7.1 建有具备综合服务功能的村便民服务机构，提供代办、信访接待等服务，每一事项应编制服务指南，推行标准化服务。
>
> 9.7.2 村庄有客运站点，村民出行方便。
>
> 9.7.3 按照生产生活需求，建设商贸服务网点，鼓励有条件的地区推行电子商务。

【释义】

《美丽乡村建设指南》中9.7条文重点关注三点，即行政代办服务、通村交通服务及其他生产生活服务。

随着乡村治理体系的不断创新及农民公共服务需求的不断增长，为了解决农村公共服务"最后一公里"问题，农村基层综合公共服务平台应运而生。各地开展了以行政代办服务延伸等为主要内容，综合文化体育、医疗卫生等公共服务的综合性服务平台的建设。如设立便民服务站（点）、农村社区综合服务中心、村级公共服务中心等，以集中化、一体化方式向农民提供公共服务。北京、福建、浙江等地选点开展了农村综合服务平台标准化试点项目，以点带面推行标准化，以规范综合平台的建设、人员的配备、服务的提供等，提高服务质量和水平，并取得了显著成效，群众满意度逐步上升。

因此，9.7.1条文指出，应建有具备综合服务功能的村便民服务机构，提供代办、计划生育、信访接待等服务，每一事项应编制服务指南，推行标准化服务。

（六）长效管理

【标准条文】

12.1　公众参与

12.1.1　通过健全村民自治机制等方式，保障村民参与建设和日常监督管理，充分发挥村民的主体作用。

12.1.2　村民可通过村务公开栏、网络、广播、电视、手机信息等形式，了解美丽乡村建设动态、农事、村务、旅游、商务、防控、民生等信息，参与并监督美丽乡村建设。

12.1.3　鼓励开展第三方村民满意度调查，及时公开调查结果。

【释义】

《美丽乡村建设指南》中12.1条文包含三个层次。一是发挥村民主体作用，引导村民积极参与美丽乡村的建设和日常监督管理；二是保障村民的信息知情权，村民可通过村务公开栏、网络广播、电视、手机信息等形式，了解美丽乡村建设动态，如农事、村务、旅游、商务、防控、民生等信息，参与并监督美丽乡村建设；三是注重村民满意度，将村民的感受和满意度作为美丽乡村建设成果评价的一部分。

【标准条文】

12.2　保障与监督

12.2.1　建立健全村庄建设、运行管理、服务等制度，落实资金保障措施，明确责任主体、实施主体，鼓励有条件的村庄采用市场化运作模式。

12.2.2　建立并实施公共卫生保洁、园林绿化养护、基础设施维护等管护机制，配备与村级人口相适应的管护人员，比例不低于常住人口的2%。

12.2.3　综合运用检查、考核、奖惩等方式，对美丽乡村的建设与运行实施动态监督和管理。

【释义】

《美丽乡村建设指南》中12.2.2条文和12.2.3条文对管护机制、动态监督和管理机制的建立和实施提出了要求。各地可结合自身特点，探索形成符合地方实际的管护机制和管理机制。如，推行"乡镇巡查督导、村级负责管理、专人管护、农户包干"的常态管护机制。综合运用检查、考核、奖励等方式，加强对管护队伍的管理等。如，在生活垃圾分类方面，湖州市安吉县组织相关部门和业务人员到实施村进行垃圾分类专项指导50余次，组织城管、环保、文明办等部门通过查看资料台账、现场实地踏勘和随机走访等，将垃圾分类情况纳入美丽乡村长效管理督查，实施垃圾分类长效监管；为鼓励村民自觉参与，还建立了奖励制度，通过正向激励措施，确保农村生活垃圾分类工作取得实绩效果和精神文明的双丰收。丽水市遂昌县则实施了垃圾分类溯源机制及按户月积分的奖惩机制，并取得了显著效果。

第三节　系列标准解读剖析

一、《美丽乡村气象防灾减灾指南》（GB/T 37926—2019）解读

（一）背景意义

2020年3月1日，由浙江省安吉县气象局牵头，中国气象局气象干部培训学院、浙江省标准化研究院、浙江省气象局、湖州市气象局、安吉县中国美丽乡村标准化研究中心共同起草的《美丽乡村气象防灾减灾指南》（GB/T 37926—2019，以下简称《指南》），经国家市场监督管理总局、中国国家标准化管理委员会批准，正式实施。

气象防灾减灾是新农村建设、美丽中国建设不可缺少的重要组成部分。2011—2013年，安吉县连续3年被中国气象局确定为首批中央财政乡村气象服务专项建设试点县，安吉积极探索"横向到边、纵向到底""网格化、组团式"的美丽乡村气象灾害防御体系建设，大力推进气象防灾减灾标准化向美丽乡村延伸，有力促进了美丽乡村气象灾害监测、预报预警、信息传播接收、基层组织体系等重点创新工作的推进落实。截至2018年，共有序推进完成154个省级气象防灾减灾标准化村（社区）建设，创建比例达75%，创建覆盖率处于全省领先优势。

《指南》的制定符合国家和气象行业有关"改善农村公共服务质量，提高农村社会管理水平，改善农村生产生活条件，促进基本公共服务均等化"的方针、政策，满足基层的实际需求。《指南》的实施可以使美丽乡村气象防灾减灾建设的经验、成果在全国得到有效推广，并能积极促进基层气象防灾减灾工作统一化、规范化和科学化，提升广大基层抵御台风、暴雨（雪）、寒潮、大风、低温、高温、干旱等气象灾害造成的影响的能力，最大限度减轻损失，为实现乡村振兴提供有力的气象保障支撑。

（二）标准的主要框架

《指南》除前言、引言、参考文献外，包括范围、规范性引用文件、术语和定义、总体原则、基础能力、风险识别与防范、信息传播与反馈、应急、培训和科普等9章（图3-5）。

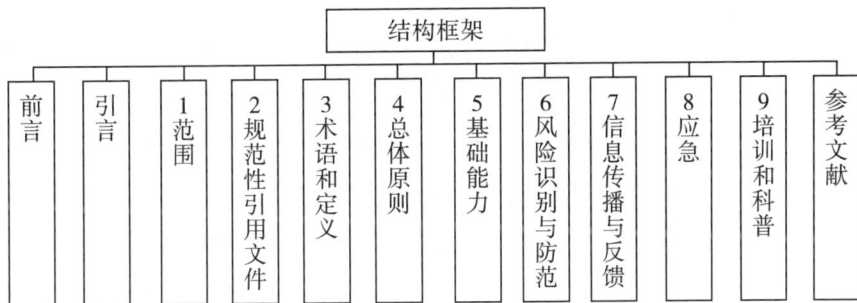

图3-5　《美丽乡村气象防灾减灾指南》结构框架

（三）标准的主要内容

《指南》的核心技术内容是第3章到第9章，这7章写明了美丽乡村防灾减灾工作的总体原则，并分别在基础能力、风险识别与防范、信息传播与反馈、应急、培训和科普等5个方面提出了普遍性、一般性和方向性的具体建议。这5个方面是气象部门自上而下推进基层气象防灾减灾体系及能力建设工作的具体要求，更是各地推进美丽乡村建设不可或缺的组成部分及创建验收指标。《指南》适用于以行政村为单位的美丽乡村气象防灾减灾建设，为美丽乡村气象防灾减灾建设的验收评价提供了一定参考依据。具体内容及确定依据如下：

（1）明确了美丽乡村气象防灾减灾有关概念的具体内涵。《指南》给出了气象灾害、防灾、减灾、气象灾害风险等4个名词术语的定义。其中，"气象灾害"的定义主要参考了GB/T 26376—2010中"自然灾害"的定义、QX/T 356—2016中"气象灾害"的定义、《中国气象百科全书·气象服务卷》中对"中国气象灾害"的定义，并依据《气象灾害防御条例》和《气象法》最终确定。"防灾"的定义依据GB/T 26376—2010中2.4条文确定。"减灾"的定义依据GB/T 26376—2010中2.3条文确定。"气象灾害风险"的定义依据QX/T 356—2016中2.5条文确定。

（2）明确了美丽乡村气象防灾减灾工作的总体指导方向和总框架。该标准按照GB/T 20001.7—2017《标准编写规则 第7部分：指南标准》的编写要求，设置第4章为"总体原则"，提出"四个坚持"：一是坚持需求导向，规划引领；二是坚持以防为主，综合减灾；三是坚持因地制宜，因灾施策；四是坚持基础能力和制度建设相结合。

（3）明确了软硬基础能力建设。《指南》提出，应按照当地气象灾害监测设施建设规划，推进监测设施、气象信息服务设施、防灾警示与避灾场所、防雷减灾设施建设，满足美丽气象防灾减灾硬件支出。同时，按要求推进气象防灾减灾责任人和气象信息员等人员队伍建设，确保气象防灾减灾工作有序开展。

（4）给出了风险识别与防范建议。《指南》提出，每3—5年组织开展一次气象灾害风险普查，重点涵盖历史气象灾害灾情信息、自然环境基础信息、社会环境信息及气象防灾减灾资源信息等4大方面，为精准组织开展气象防灾减灾工作提供基础性保障。

（5）明确了气象信息传播和反馈机制。《指南》提出，在接收到气象灾害预警信息时，各级责任人要在第一时间传递、分发，助力解决气象信息传播"最后一公里"问题，同时须积极协助当地气象部门做好气象灾情调查及评估工作。

（6）明确了应急的有关措施和处置流程。《指南》重点在编制应急预案、应急演练、应急响应及灾后处置工作上明确了具体措施，并确定了规范、可操作的气象灾害应急处置流程，最大限度地减轻气象灾害造成的损失。

（7）给出了开展培训和科普工作的建议。《指南》提出，面向美丽乡村相关人员组织开展气象防灾减灾基本知识、防灾避险自救互救技能等知识培训，并通过多种渠道和方式营造气象科普文化氛围，定期开展气象科普宣传，大力提升村民气象防灾减灾意识和能力。

总的来说，《指南》能使基层行政村气象灾害防御标准体系更加完整、统一、规范、科学，也能促使乡村气象的监测、预警、评估及服务工作标准化和规范化。这对美丽乡村综合减灾防灾、经济社会发展及推进美丽中国建设均具有重要的现实意义，能带来明显社会效益。

二、《新时代美丽乡村建设规范》（DB33/T 912—2019）解读

（一）背景意义

浙江省第十四次党代会开启了改革发展的新进程，做出了打造美丽浙江、深化"千万工程"的战略决策。党的十九大报告首次提出实施乡村振兴战略，以农业农村优先发展作为新时代实现农业农村现代化的重大原则和方针。美丽乡村建设无疑是实现上述战略目标的具体实践和重要组成部分。2018年中央一号文件提出，要"持续推进宜居宜业的美丽乡村建设"，这是新时期新形势下对"三农"工作的新要求，是落实习近平总书记对浙江提出的"把千村示范、万村整治工程提高到新的水平"这一新指示的具体体现和实际行动，是浙江省加快推进乡村振兴战略的有力抓手和重要载体。

标准作为一种技术规则，是国家治理体系和治理能力现代化的重要支撑。《浙江省国家标准化综合改革试点第二阶段实施方案》中明确指出："以'美丽标准'体系引领美丽乡村、美丽城镇、美丽城市标准化建设。"浙江省率先用标准化手段推进美丽乡村建设，取得了显著成

效，在支撑美丽乡村建设长效机制、促进模式创新、固化建设成果方面具有重要作用。2014年，在总结提炼全省各地美丽乡村标准化成功经验的基础上，由安吉县人民政府、浙江省标准化研究院共同主导制定的浙江省地方标准《美丽乡村建设规范》发布实施。该标准在指导、推进浙江省美丽乡村建设过程中起到了重要作用。

综上所述，有必要按照实施乡村振兴战略、深化"千万工程"的总体部署，以实现农业农村现代化为总体目标，深入研究新时代美丽乡村的时代特征和发展需求，总结安吉优秀的先进经验，在标准的整体框架、指标设置、内容表述等方面进行优化和提升，以解决美丽乡村建设中存在的面上不够平衡、部分村庄建设发展不够充分等问题，推动浙江省美丽乡村建设向更高水平发展，不断提升农民群众的幸福感和获得感，创造更具新时代特色的美好生活，为乡村振兴凝聚新动能，为推动美丽浙江建设整体向纵深推进打下坚实基础。

（二）标准的主要框架

根据美丽乡村的建设内容及乡村振兴的总体要求，《新时代美丽乡村建设规范》（DB33/T 912—2019）的主要框架分为总则、生态优良、村庄宜居、经济发展、服务配套、乡风文明、治理有效等7个部分。

与原省级地方标准《美丽乡村建设规范》相比，《新时代美丽乡村建设规范》优化了整体框架，以乡村振兴"产业兴旺、生态宜居、乡风文明、治理有效、生活富裕"总体要求为维度，构建了"生态优良、村庄宜居、经济发展、服务配套、乡风文明、治理有效"6个方面的标准框架，使目标更明确、逻辑更清晰、指向更精准。

（三）标准的主要内容

《新时代美丽乡村建设规范》以由安吉县为主起草的原省地方标准《美丽乡村建设规范》为基础进行修订，在生态优良、村庄宜居、经济发展、服务配套、乡风文明和治理有效等6大方面提出了共100项指标要求，其中否决性指标10项、基础性指标60项、发展性指标30项。根据新时代的要求，对基础设施、生态环境、公共服务等民生重点领域的原有指标进行了提升，如无害化卫生厕所普及率、城乡居民基本医疗保险（养老保险）参保率、道路、供电、宽带网络等指标值高于原省标国标，体现了提档升级。

在生态宜居部分，体现了垃圾、污水、厕所三大革命与长效管护的新时代特征指标，如增加了风貌提升、垃圾分类、美丽庭院、厕所改造等内容。在经济发展部分，优化了框架结构，充分体现现代农业、三产融合和村庄经营的新时代特征，如增加了数字农业、农产品追溯、农产品电商、品牌建设、村庄经营等内容。还根据新时代的要求，重点细化了乡风文明、乡村治理的具体内容，以提升美丽乡村可持续发展的内生动力。

对生态优良、村庄宜居、经济发展、平安建设等核心重点指标设置底线要求；针对新时代美丽乡村需要面上整体提升的重点领域，在村庄规划、生活污水治理、垃圾分类、村庄整洁、规模化养殖污染防治、饮水安全、供电等重要方面提出约束性要求；并以推荐性、倡导性表述方式，对农业农村数字化转型、村庄风貌提升、三产融合、村庄经营等提出引导性要求，拉高标线，以适应不同水平的乡村循序渐进、持续发展。

《新时代美丽乡村建设规范》的修订，是新时代美丽乡村建设的必然要求，是对浙江经验、安吉经验的推广，有助于提升浙江新时代美丽乡村建设水平，加快推进富裕、文明、宜居的美丽乡村建设。

三、《美丽家庭创建考核规范》（DB330523/T 38—2011）解读

（一）背景意义

美丽家庭创建是中国美丽乡村建设的细胞工程和深化延伸。安吉自2009年提出美丽家庭创建工作以来，一直走在全市乃至全省前列。美丽家庭创建由安吉县文明委组织各成员单位专家分门别类进行指导。与此同时，为进一步加强农村精神文明建设，提升农民群众综合素质，深入推进中国美丽乡村建设，努力营造环境美、生活美、事业美、品德美的

文明氛围，全面提升乡村精神风貌和文明程度，2011年12月，安吉县发布了《美丽家庭创建考核规范》（DB330523/T 38—2011）（以下简称《考核规范》），并于2012年1月1日正式实施。

（二）标准规范的主要框架

《考核规范》的主要框架分为基本要求、组织制度建设、村容村貌、经济发展、社会事业发展、民主管理、社会风尚与治安、村庄长效管理、公众参与等9个部分。

《考核规范》主要包括院有"花"香、室有"书"香、人有"酿"香、户有"溢"香等4个方面共12项考核指标。"院有'花'香"包括道路硬化、环境洁化、庭院美化等考核指标，"室有'书'香"是指有一定的文化气息、有良好的学习习惯、有健康的生活方式，"人有'酿'香"是指想创业、学创业、会创业，"户有'溢'香"是指品德优良、家庭和睦、邻里团结。

（三）标准规范的主要内容

《美丽家庭创建考核规范》的具体内容如表3-2所示。

表3-2　美丽家庭创建考核规范

总体目标	创建内容		具体要求
院有「花」香	1	道路硬化	入户道路硬化，通行方便顺畅，路面无破损。参照《浙江省准四级公路工程技术标准（试行）》（DB33/T 440）

续　表

总体目标		创建内容	具体要求
院有「花」香	2	环境洁化	房屋院落四周环境整洁，生活垃圾定点投放；建有三格式化粪池和卫生厕所，生产生活污水经处理后达标排放。参照《粪便无害化卫生标准》（GB 7959—1997）、《农村住宅卫生标准》（GB 9981—1988）、《农村户厕卫生标准》（GB 19379—2003）
	3	庭院美化	庭院内外种植花草树木；外墙美化，围墙院门美观大方；院内生产工具、生活用品摆放整齐；房前屋后无乱搭建、乱悬挂、乱张贴现象。参照《村庄绿化技术规程》（DB33/T 842—2011）
室有「书」香	4	有一定的文化气息	居室布置有一定数量的文化艺术品，装饰大方得体；尊师重教、言传身教；不参与赌博、迷信活动
	5	有良好的学习习惯	收听收看时事新闻；有阅读习惯，有一定数量的藏书；订阅报纸杂志
	6	有健康的生活方式	积极参加体育锻炼和文化娱乐活动；注重环保节约；理性消费，不盲目攀比
人有「酿」香	7	想创业	有创业激情、创业思路和创业行动，敢于拼搏、善于创造、大胆实践
	8	学创业	积极参加各种技能培训，家庭劳动力有一定的生产技能或经营经验，积极降低成本、提高效率、节能减排

总体目标		创建内容	具体要求
人有「酿」香	9	会创业	积极发展多种经济，多门路致富；家庭人均收入超过上年度全县农民人均水平；收入持续增长，家业殷实
户有「溢」香	10	品德优良	遵纪守法，诚实守信，办事公道，助人为乐，热爱家乡
	11	家庭和睦	尊老爱幼，夫妻和睦，婆媳、兄弟、妯娌等家庭关系融洽
	12	邻里团结	邻里互谅互让，友好相处，团结互助

此外，《考核规范》进一步明确了组织申报、民主推荐、考评公示等考核程序；规定了星级家庭比例，比如五星级美丽家庭为每年美丽家庭户数的10%，四星级美丽家庭为每年美丽家庭户数的30%，三星级美丽家庭为每年美丽家庭户数的60%；激发了美丽家庭创建热情，比如将美丽家庭创建实施情况列入年度宣传思想工作考核、美丽乡村创建及长效管理考核、各级文明村评选复评考核内容。各乡镇（街道）、村（社区）将其列入精神文明建设总体规划和年度考核目标，并保证人力、物力、财力的投入。

《考核规范》还明确规定了对美丽家庭实行动态管理，每3年对过去年度表彰的五星级美丽家庭复评一次。复评按一定比例抽查、征求有关部门意见、新闻媒体集中公示等形式进行。对复评中发现的创建水平显著下降或出现严重问题的家庭，经县文明委批准，予以降星级直至撤销荣誉称号。

美丽家庭创建至今，安吉在全县构筑起了"星级户——样板点——精品带——示范群"四级联动格局，形成串点连线扩面集群效应，布局了"昌硕故里""中国大竹海""白茶飘香""黄浦江源"4条精品带，囊括5万余户、辐射10万余户家庭，建成100个示范村落集群，每个村落确保三星级全覆盖、五星级占8成。

四、《美丽县域建设指南》（DB330523/T 025-2017）解读

（一）背景意义

2008年，安吉拉开了中国美丽乡村建设序幕；2010年，安吉中国美丽乡村建设模式正式成为国家标准和省级示范，并被授予全国唯一的县级最佳人居环境奖。2017年12月19日，在美丽乡村建设即将满10周年之际，安吉县地方标准规范《美丽县域建设指南》（DB330523/T 025—2017）在安吉余村发布，这也是全国首个美丽县域建设标准规范。

《美丽县域建设指南》由浙江省标准化研究院、安吉县中国美丽乡村标准化研究中心共同起草，于2018年1月1日起正式实施。该标准规范不仅为安吉县美丽县域建设工作提供了规范性指导，也为全省乃至全国范围内的美丽县域建设提供了借鉴和参考。也就是说，基于标准可复制、可推广的特性，安吉美丽县域建设的样板将在全省乃至全国推广。

《美丽县域建设指南》的制定，是支撑安吉县落实"绿水青山就是金山银山"重要理念、创建"绿水青山就是金山银山"示范县的重要抓手，通过大力发展美丽经济、营造美丽环境、培育美丽文化、提升美丽民生、打造美丽党建，实现全体富裕、全域美丽、全面繁荣、全民幸福、全员先进。注重县域经济、政治、文化、社会和生态文明协调发展及城乡融合等要求，以创新、绿色、开放、共享和乡村振兴等发展理念为指导原则，反映了美丽县域需要实现的绿色生态环境美、规划设计形态美、设施完善功能美、宜居宜业生活美、社会安定和谐美的共性特征。

《美丽县域建设指南》标准规范，是安吉在成功探索、实践了美丽乡村建设经验并在全县铺开美丽乡村建设的基础上，以标准化工具

为支撑，将美丽乡村建设的成果经验提升扩大至整个县域，是美丽乡村标准化建设的升级版。

（二）标准规范的主要框架

《美丽县域建设指南》分为12个章节，包括城乡建设、经济发展、生态环境、民生保障、文化发展、社会治理、绿色生活、长效管理等8个部分。技术内容采取定性和定量相结合的方法，汇集了住建、交通、林业、发改、经信、环保、教育、人社等近40个相关部门的工作要求，在城乡联动、基础设施、经济增长、产业结构、绿色发展等方面设置了122项量化指标。

（三）标准规范的主要内容

美丽县域的城乡建设，首先要规划引领，以"多规融合、城乡融合、三产融合"为原则，坚持突出特色、保护生态、城乡统筹和文化保护；将"优雅竹城—风情小镇—美丽乡村"三级联动进行全域规划，在新的规划建设中注重结合特色小镇、智慧城市和产业集聚等方面要素，创意设计城市形象；在旧城改造中抓好环境综合治理、完善基础设施、增加公共服务资源，实现城市有机更新。同时，运用市场机制，逐步实现"以城养城、以城管城"的长效运维模式。

建设美丽县域基础设施，包括构建畅通便捷的道路框架，乡镇道路通达率100%；通过绿色生态改造，构建道路景观系统，实现公路绿化覆盖率100%；构建绿色公交、智能公交、便捷公交一体化的公共交通系统；建设公路驿站，提供公路服务；打造独立于机动车道的慢行道系统；城镇道路实现机械化清扫率85%以上；实现供水一体化率95%；构建供电可靠率超99.83%的"生态配电网"；逐步推广管道天然气覆盖面；建设信息化基础设施，信息化发展指数应超过93。

同时，为了让标准规范更好地落地实施，安吉县出台《安吉县建设"中国最美县域"行动纲要》等三大纲领性文件，将《美丽县域建设指南》中涉及的所有指标进行分解落实，鼓励各部门在制定政策措施时积极引用标准规范；各相关部门也分别出台了如《安吉县域乡村建设规划》等一系列细化措施来确保工作落实到位，所有量化指标均在年度建设目标考核中有具体体现。其次是加强标准化人才培养，加大标准化宣传力度，营造更浓厚的"学标准规范、用标准规范、讲标准规范"的氛围。

（四）标准的提升

2018年5月，《美丽县域建设指南》湖州市地方标准立项，旨在给全市美丽县域建设工作提供重要保障。经过一年多的努力，2019年12月《美丽县域建设指南》（DB3305/T 129—2019）市标正式发布。市标结合湖州特色，赋予"美丽县域"新内涵，将"美丽县域"定义为"辖区内经济、政治、文化、社会和生态文明五位一体协调发展，城乡融合、治理有效、充满活力、全民幸福的县级行政区域"。《美丽县域建设指南》系统阐述了美丽县域建设的内容和要求，注重经济、环境、文化、民生、治理等领域的建设要求，凸显"绿水青山就是金山银山"理论、生态文明建设战略、城乡融合发展理念等湖州特色和亮点。采用定性与定量相结合的方法，规范美丽县域建设的技术要求和目标指标，给美丽县域建设给予方向性指导和目标性引领。这也是安吉建设新时代"绿水青山就是金山银山"试验区，打造新时代美丽乡村标准化示范实践基地的一个重要环节。

五、《乡村治理工作规范》（DB330523/T 29—2018）解读

（一）背景意义

党的十九大报告明确提出，要实施乡村振兴战略，加强农村基层基础工作，健全自治、法治、德治相结合的乡村治理体系。《中共中央国务院关于实施乡村振兴战略的意见》也强调，要建立健全党委领导、政府负责、社会协同、公众参与、法治保障的现代乡村社会治理体制，坚持自治、法治、德治相结合，确保乡村社会充满活力、和谐有序。健全自治、法治、德治相结合的乡村治理体系，是实施乡村振兴战略的重要举措，也是国家治理体系和治理能力现代化的重要组成部分。

在实践中，安吉县的乡村治理体系建设始终坚持以人民为中心，突出村民主体地位，植根乡村实际发展需求，形成了百花齐放的良好局面，取得了丰硕的治理成果，有效地发挥了自治的基础作用、法治的保障作用和德治的引领作用。在总结经验的基础上，2018年5月，安吉县政法委、浙江省标准化研究院等7个单位组成起草组，启动了《乡村治理工作规范》编制筹备工作。在经过多轮意见的征求、修改后，报批稿于同年7月9日形成。2018年9月12日，浙江省安吉县召开乡村治理工作地方标准规范新闻发布会，发布了全国首个乡村治理地方标准规范《乡村治理工作规范》（DB330523/T 29—2018）。在立足可操作性的基础上，《乡村治理工作规范》量化了乡村治理"谁来治理、怎么治理、治理什么、治理效果如何检验"等4个方面的工作。

（二）标准规范的主要框架

《乡村治理工作规范》以乡村治理"余村经验"为蓝本，对安吉农村发展治理经验吸纳总结，提出了具体的规范措施，内容涵盖"支部带村""发展强村""民主管村""依法治村""道德润村""生态美村""平安护村"和"清廉正村"等11节的正文部分和6个单元的附录部分，囊括了组织架构、工作方法、运行流程和负面指标等具体的工作要求。

《乡村治理工作规范》是国家和省区市有关乡村治理方面的法律法规和规范性文件的进一步细化，有助于积极推广安吉县乡村治理的经验和模式，全面提升安吉县的乡村治理水平。通过实践实施，证明其行之有效，并具有可复制推广意义。就安吉县乃至全国而言，乡村治理存在各村不平衡、不一致的差异现象，治理水平和治理效果不尽相同。实施《乡村治理工作规范》这一地方标准规范，形成示范效应，发挥典型作用，能够提高乡村社会治理的整体水平，减少村与村之间的治理参与，使乡村治理从"强人治村"走向"制度治村"的方向。

（三）标准规范的主要内容

在《乡村治理工作规范》中，"安吉乡村治理的系统动力学模型""安吉乡村治理的静态结构模型"是亮点，在全国乡村治理经验总结方面均为首例、首创。这两个模型一"动"一"静"，起到了化繁为简、以简蕴繁的作用。

"安吉乡村治理的静态结构模型"将安吉乡村治理的工作体系拆分为"模块"和"元素"两部分，以网格结构图形式展示了安吉县乡村治理工作体系的结构关系和层级关系，显示了农村治理工作体系的主要内容和基本要素，用一张图全方位展示了安吉乡村治理的生动局面（图3-6），用一张表系统梳理了安吉乡村治理的特色工作。

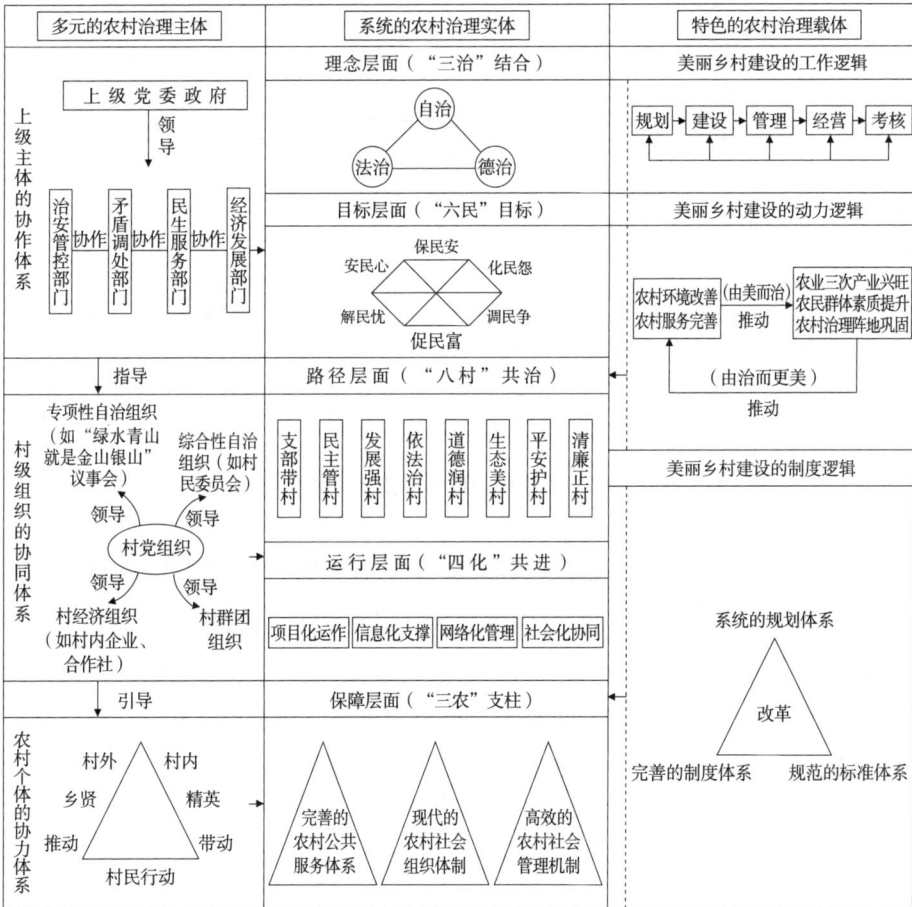

图3-6　安吉乡村治理的静态结构模型

安吉乡村治理的系统动力学模型（图3-7）以"农民幸福感"为核心目标，将安吉乡村治理工作拆解为35个具体变量，构造了44条"因果回路"，以动态的形式全方位展现了安吉乡村治理经验的系统运行模式和基本因果关联。

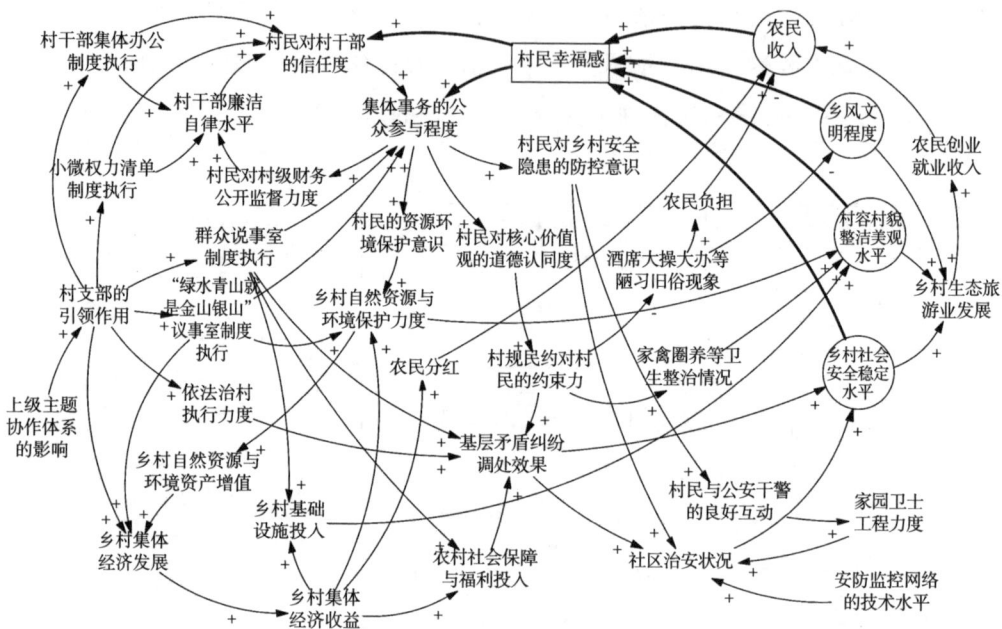

图3-7　安吉乡村治理的系统动力学模型

安吉乡村治理的系统动力学模型旨在描述安吉乡村治理逻辑的动力学机制，界定系统的内生与外生变量及其因果反馈机制，识别影响关键指标变量发展动态的因果回路，由此阐发安吉乡村治理逻辑的系统效应，并可在基础数据支持的条件下模拟运行以检验与提升系统的信效度，仿真系统未来发展的可能情景，为乡村治理系统的可持续优化提供决策支持。

安吉县《乡村治理工作规范》内容系统、标准明确、规范具体，为乡村治理提出了善治的方向，为浙江省乃至全国健全自治、法治、德治相结合的乡村治理体系提供了样本。

第四章

美丽乡村标准化建设的主要做法

    "绿水逶迤去，青山相向开"，有了标准体系的支撑，安吉美丽乡村建设全面展开。为把美丽乡村标准化工作落到实处，把安吉打造成"中国美丽乡村"，安吉县采取了"三个三"做法，从加强组织领导到完善标准体系，再到强化实施保障，全面开展实践。

第一节　以"三个到位"为支撑

一、组织到位

    2010年，安吉县成立了以县长为组长、县委副书记为常务副组长、分管副县长为副组长、各部门一把手为成员的"中国美丽乡村"标准化示范县创建工作领导小组，下设办公室（设于县市场监督管理局），并定期召开联席会议，调研和布置分解工作任务，定期督促工作落实。县级相关部门、全部乡镇也成立了相应的美丽乡村标准化工作推进机构，专门负责指导、落实相应美丽乡村标准化创建工作。安吉县专门出台了《安吉"中国美丽乡村"标准化示范县创建实施方案》（安政办发〔2011〕3号），进一步明确了美丽乡村标准化创建的建设目标、工作任务、保障措施及各部门任务分解，并于2011年3月召开安吉"中国美丽乡村"标准化示范县创建动员会，充分调动各部门、各乡镇的积极性，衔接、协调好各个环节的标准化工作。

此外，为继续加强和推进美丽乡村各类标准制修订、科技成果转化、示范推广应用和宣传教育培训等工作，安吉县专门设立公益性事业单位——中国美丽乡村标准化研究中心。以标准化试点工作牵头部门为主，地方标准制定、实施部门为辅，2019年，安吉县已创建星级美丽家庭59827户，开展形式多样的美丽乡村标准化培训班20余期，培训人员超过2300人。培训内容主要为标准化基础知识宣贯、标准实施基本方法和标准制修订业务技能；培训对象覆盖县委县政府四套班子所有领导、相关部门、乡镇所有负责美丽乡村建设工作的干部、全县187个行政村所有村领导及大学生村官等。

二、协作到位

2012年，安吉县15个重要经济职能部门与乡镇、125个部门与132个建设村、179家企业与169个行政村开展了结对共建工作。同时，安吉县与省发改委建立了项目对接长效工作机制，与省财政厅建立了对美丽乡村建设为期5年的专项补助机制；与国家林业局、环境保护部合作开展新农村示范县建设；与复旦大学共同成立中国乡村发展研究中心，深入推进与高等院校和科研机构的专项合作。

2015年，浙江省标准化研究院和安吉县人民政府正式签署战略合作协议。次年，浙江省中国美丽乡村标准化实践基地在安吉县市场监管局昌硕所挂牌成立，其建设任务以承担国家和省级标准化相关科研项目、开展安吉美丽乡村标准体系升级修订、实践调研等系列化工作、培训相关标准化人才等内容为主。

实践基地的成立，为安吉县标准化工作的顺利推进提供了展示平台，为安吉县美丽乡村精品示范村标准化建设提供了技术支撑，为安吉县美丽乡村标准化建设工作朝着更专业、更科学、更系统的方向发展提供了力量保障。

2016年，安吉出台《全国农村综合改革标准化试点工作实施方案》，将建设目标、工作任务、保障措施等要求分解到各个机关部

门、乡镇（街道）、村（社区），实行年初部署、年中检查、年底考核
制度。

三、参与到位

安吉县聘请省市和著名高校的有关专家担任建设"中国美丽乡村"
顾问，挑选县内相关部门业务骨干成立建设"中国美丽乡村"专家指导
组。每年在县委党校举办安吉县建设"中国美丽乡村"培训班，对建设
"中国美丽乡村"创建村的支部书记和各乡镇（开发区）的分管领导进
行相关知识培训，有力地推进了建设工作进程。

同时，安吉县坚持尊重群众意愿，依靠群众力量，宋波县长多次
视察美丽乡村，了解工作情况（图4-1）。通过开展美丽家庭、美丽校
园、美丽工厂、美丽社区等细胞创建，大力宣传"美丽乡村"标准化创
建的现实意义、方针政策、目标任务、工作成效等，不断提高社会影响
力、群众知晓率，积极引导群众广泛参与到美丽乡村建设中来。

图4-1　宋波县长视察美丽乡村建设情况

第二节 以"三个结合"为驱动

一、上级要求与安吉实际相结合

以"生态、经济、文化、政治、社会"五位一体为主线，以"科学规划布局美、村容整洁环境美、创业增收生活美、乡风文明身心美"和"宜居、宜业、宜游"四美三宜为目标，全力做好美丽乡村建设标准的研制工作。同时，充分发挥由30余位县内外知名新农村专家组成的美丽乡村专家库作用，根据形势变化和省标、国标申报要求，不断丰富完善指标体系。

在农村产业标准化经营方面，开展农业标准化示范园区与农业主导产业示范园区和特色农业精品园区相结合的建设，大力兴建标准农田、标准水塘，严格执行绿色、有机标准，从选种、育苗到栽培、养殖过程，从农产品收购、贮存到农产品加工、包装、运输等各个环节，均按照规范要求和统一的标准进行精细化操作，提升农业产业化的发展水平。同时，按照规范标准和通用要求发展乡村旅游业，在旅游价值链条的各个环节中通过标准化手段，执行先进的标准，规范经营行为，提高服务质量，解决服务行为无章可循、服务质量良莠不齐的现象。制定休闲农业与乡村旅游地方标准，在经营规模、从业资格、服务设施、服务质量、服务安全等方面明确具体要求，培育一批采用国际、国家先进标准的旅游龙头企业。

在农村公共事业标准化建设方面，探索农村公共基础设施规范化建设、标准化管理。在基础设施建设上统一规划布局，统一标准指导，统一时限验收，严格执行有关建筑技术标准和规范操作流程，确保工程质量。在基础设施管理上，在安吉县范围制定基本原则和通用要求，在此指导下分层分类制定实施细则。推进农村公共服务规范化供给，明确制定农村公共服务标准，探索城乡公共服务一体化布局，确保农村医疗、教育、社保、文化、通信等基本公共服务项目与城镇种类无差异，质量相一致。比如，在2015年先后发布了《城乡居民基本养老保险管理规范》（DB330523/T 004—2015）、《城乡居民基本医疗保险管理规范》（DB330523/T 005—2015）、《美丽乡村村邮站管理考核规范》（DB330523/T 008—2015）、《农村电影院（剧院）建设与服务管理规范》（DB330523/T 014—2015）等一系列地方标准规范。

在生态环境标准化提升方面，强化规划引领，以科学的规划和政策体系提升生态文明建设水平。在完善《县域总体规划》的基础上，编制完成6个《县域分区规划》，在《生态功能区规划》的基础上，编制完成《主体功能区规划》，科学确立安吉县产业和空间布局，委托国内权威机构编制《生态文明建设纲要》，制定《美丽乡村建设行动纲要》和《总体规划》，出台《生态文明建设实施意见》，调整完善生态农业、工业、旅游、城市、文化、人居等6大专项规划，15个乡镇和97个行政村编制生态乡镇、生态村建设规划，形成了横向到边、纵向到底的建设规划体系。强化样板示范，不断将保护生态环境、发展生态经济、繁荣生态文化、加强生态管理等方面的共性经验总结提炼成具有普遍示范意义的通用模式，形成一系列内涵充实、外延丰富、规范明确、有机配套的生态文明建设的工作样板。这些通用模式和工作样板，对指导安吉县生态文明建设起到了重要的示范作用，对构建生态文明建设的"安吉模式"起到了重要的支撑作用。

在农村事务标准化管理方面，以规范化的指导措施和明确的指标考核要求，高标准开展先锋工程、文明村、平安村、民主法治村、党风廉政建设示范村等创建工作。制定明晰的组织运作规范，细化工作流程考评控制，形成农村政务、党务、财务、事务标准化运作体系，将农村事务的各个环节、各项内容、农村各主体的权利及各自承担的责任用标准的形式加以明确和保障，提升农村民主法治建设和党的建设规范化水平。早在2004年，安吉县就启动了民主法治村创建工作，2014年将其列入"中国美丽乡村"精品示范村创建考核体系，在考核指标权重中占13分，力图实现"中国美丽乡村"精品示范村与民主法治村创建互促共进。2017年，安吉还创新出台了全国首个关于民主法治村建设的地方标准规范《美丽乡村民主法治建设规范》（DB330523/T 018—2017）。

二、共性特点与个性特征相结合

安吉在制定标准的过程中，首先强调规划先行和村庄建设，因村制宜做好规划设计工作，充分把握节约利用土地，规范建筑设计，协调功能性和美观性需求，既体现共性，布局完善基础设施，又体现个性，把区域产业发展、乡村文化风俗等特色融入其中，体现差异化、多元化村落风格。

比如，同是发展乡村旅游的刘家塘村与尚书垓村，前者用产业发展助推美丽乡村建设，充分挖掘优势资源，引进休闲农业，开发创意旅游，发展民宿产业，全面实现产业的贯通和聚合效力，带动村民致富增收（图4-2）；后者依托村庄人文禀赋、乡土风情，大力发展服务业，开发了尚书文化游、农事体验游等旅游文化系列产品，围绕旅游服务建设好配套基础设施（图4-3）。

图4-2　刘家塘村　　　　　　　　　图4-3　尚书文化展示

三、定性指标与定量指标相结合

安吉始终坚持把定性指标与定量指标紧密结合起来，努力构建具体化、可考核、能落实的美丽乡村建设标准体系。目前，已形成拥有44项具体建设指标，涵盖农村基础设施建设、环境提升、服务保障、产业经营、公共服务等5大子体系，涉及500余项各类法律法规和标准规范的美丽乡村建设标准体系，其中量化指标36项，量化指标值40个。

第三节 以"三大机制"为保障

一、建立健全考核评价机制

按照"一个标准、三个档次，捆绑考核、动态管理"的思路，把标准体系纳入"中国美丽乡村"建设考核办法，并将考核结果与所在乡镇（街道）、结对机关部门年终考核相挂钩，把建设"中国美丽乡村"工作的成效作为考核各级领导班子和领导干部工作实绩、工作能力、工作水平的重要依据和内容。

同时，为确保美丽乡村建设标准工作落到实处、见到实效，实行月度督查通报、半年会议推进、年终总结考核等全过程、全方位考核形式，开展定期与不定期的督查；出台乡镇、部门工作考核办法，使各项建设工作的目标具体化和责任化；建立专项考核奖励基金，对先进单位和个人进行表彰奖励。

二、激励激发多元投入机制

在美丽乡村标准化建设过程中，安吉县（乡）财政、村集体、农民共同投入资金，用于公共基础设施建设；同时，推进社会工商资本积极投入乡村建设与经营管理，达到共建共赢共享的效果。

除县（乡）财政、村集体、农民个体、社会资本共同投入建设外，安吉还与省发改委建立了项目报批对接长效机制，争取到省财政厅为期5年的专项补助政策等，多方投入、共同参与到标准化创建中去，达到了共建共赢共享的效果。据对已成功创建的55个精品示范村的不完全统计，截至2019年底，共吸引工商资本项目215个，协议总投资达315亿元。

三、以点带面建全政策保障机制

安吉先后制定出台了《"中国美丽乡村"标准化示范村建设实施方案》《美丽乡村环境、卫生通用要求》《美丽乡村社区公共服务设施设置及管理维护要求》《美丽乡村村务管理规范》《美丽乡村村民文化、教育、体育服务要求》《农村聚餐管理规范》等各项工作细则和地方标准规范，以点带面推广实施，确保在基础配套、公共服务、事务规范、政策扶持、长效管理等领域有质的保障，使得标准化试点工作可复制、能持续。

第五章

美丽乡村标准化实践的传播与影响

　　安吉运用标准化手段指导美丽乡村建设的做法，得到了国家标准化委员会、国际标准化组织主要负责人的高度肯定。2015年，安吉县成功举办了"绿水青山就是金山银山"重要理念10周年纪念系列活动。安吉美丽乡村建设进入新阶段，领衔制定的《美丽乡村建设指南》在京发布，美丽乡村安吉模式从省级规范上升为国家标准。同年10月，经国家标准化委员会同意，安吉承办了农村综合改革标准化试点工作推进会，全国39个试点地区的代表参会，时任县长沈铭权致辞。安吉美丽乡村标准化建设案例在会上被作为典型经验交流，并被编入《美丽乡村标准化实践》一书。国家标准委副主任于欣丽还为安吉县"中国美丽乡村标准化研究中心"揭牌。农综改美丽乡村标准化试点项目实施期间，央视新闻联播、新华网、人民网等各级主流媒体对安吉美丽乡村标准化建设、农综改试点工作进行了百余次专题报道。国家质量监督检验检疫总局局长支树平等领导多次考察安吉标准化工作，两任ISO国际标准化组织秘书长调研安吉美丽乡村标准化建设工作，安吉美丽乡村标准化建设案例在 *ISO FOCUS*、《中国标准化》等杂志上发表，将"安吉模式"推广至164个国家和地区，扩大了安吉的国际知名度，标准化建设的美丽乡村已成为安吉生态文明和新农村建设的金名片。

第一节 标准化实践的传播途径

一、杂志报纸宣传

安吉美丽乡村标准化建设优秀经验的传播，离不开国内外标准化领域权威杂志。首先，安吉美丽乡村标准化实例多次在国际标准化组织核心期刊 *ISO FOCUS* 上发布，向164个国家和地区展示了安吉美丽乡村标准化建设经验。如，2015年5月第464期刊登的《美丽乡村标准引领全面打造美丽乡村升级版》一文，就记录了安吉如何运用标准化手段推进美丽乡村建设；2015年6月第465期中，《安吉：中国美丽乡村建设最佳实例》更是荣登封面文章，足见安吉美丽乡村标准化建设成效显著，闻名遐迩，实现了美丽乡村标准化"安吉模式"走出国门的大跨越。此外，在《中国标准化》《标准生活》《大众标准》等国家级杂志上，皆有美丽乡村标准化实践系列报道的身影，《水环境优美村建设规范》地方标准规范亦获《人民日报》报道。

国家标准委组织编撰的《美丽乡村标准化实践》一书，更是详细介绍了安吉美丽乡村标准化试点实践的做法，从标准化工作主要做法、标准化试点建设内容、试点取得的成效等三方面剖析安吉美丽乡村建设成功背后的重要因素。

二、新闻媒体传播

除了杂志报纸的图文静态宣传，安吉亦利用新媒体时代的多样传播途径宣传美丽乡村标准化建设经验及成果。

2014年4月，召开《美丽乡村建设规范》浙江省地方标准新闻发布会，20余家国家、省、市级媒体开展新闻报道；2015年5月，《美丽乡村建设指南》国家标准在国家质检总局举办发布会，由国家标准委主任田世宏主持发布，媒体高度关注该标准宣贯，央视1套、7套、13套分别做了报道，《新闻联播》《焦点访谈》等栏目，《人民日报》、《农民日报》、《光明日报》、新华网等50余家主流媒体做专题报道，百度关键词"美丽乡村国家标准"搜索达500余万条；2017年12月，浙江省安吉县《美丽县域建设指南》地方标准规范在余村发布，标志着全国首个美丽县域建设地方标准在安吉余村建立，中国新闻网、中青在线、浙江新闻、浙江在线、湖州在线等新闻媒体网站皆报道了本次发布会的具体情况。

安吉还积极利用多种媒体平台宣传标准化建设工作。在人民网论坛主办的"标准化与国家治理学术研讨会"上，分享美丽乡村标准化建设经验；录制了7期标准化成效宣传节目，并在浙江经视频道《质量生活》栏目播出；安吉美丽乡村系列标准入选浙江经视"浙江好标准"专题宣传。

此外，安吉县还在高速公路等重要交通沿线设置广告牌宣传标准发布，利用公交电视、城市大屏幕及各村、社区电子屏幕、宣传栏等工具进行美丽乡村标准化宣传，家家户户可通过数字电视了解美丽乡村标准化建设工作的最新进展。美丽乡村标准化建设工作获2015年度"安吉骄傲"最具影响力事件奖。

三、经验培训推广

国务院各部委争相采用《美丽乡村建设指南》并推动其实施。住建部、中央农办、财政部、环保部、农业部等五部委联合发文《住房城乡建设部等部门关于开展改善农村人居环境示范村创建活动的通知》（建村〔2016〕274号），明确将该标准作为全国美丽宜居示范村创建依据。财政部、农业部、住建部、国家标准委分别多次组织标准专项培训，各省区市也组织相关部门人员开展标准解读培训累计超过5万人次，赴安吉实地调研学习40余万人次；编写的标准宣贯教材《美丽乡村标准化实践》在全国累计发行万余册。30余个县市购买美丽乡村标准化建设服务，前后2批农综改试点工作推广"安吉模式"。

2017年，商务部、科技部将《美丽乡村建设指南》国际解读列为"一带一路"沿线国家和发展中国家标准化官员对外援助培训内容，涉及亚非拉30多个国家的官员，通过用俄语、西班牙语、英语与各国官员交流"安吉模式"，推动中国标准走出去（图5-1）。

图5-1 《美丽乡村建设指南》国家标准第一起草人郑勤向各国官员解读美丽乡村建设标准

不仅国标需要培训推广，安吉美丽乡村标准化工作经验也需要全面开展培训推广。2018年，安吉递铺街道鹤鹿溪村、孝丰镇大竹村、鄣吴镇玉华村等16个"中国美丽乡村"精品示范村创建村，参加了安吉县村级标准化工作培训会。会上，中国美丽乡村标准化研究中心以中国美丽乡村标准化体系的建立和实施、标准化宣传教育、公共标识标牌的设置等内容对创建村进行了专业培训。除了相关部门、乡镇、村干部以外，每年中国美丽乡村标准化研究中心还面向各村村民开展标准化培训。2019年，中国美丽乡村标准化研究中心在管城、横塘、统里等村开展了9场美丽乡村标准化培训，重点内容是标准化知识科普、安吉县美丽乡村标准化建设情况介绍、系列标准解读等。

近年来，标准化交流、研讨工作稳步推开。安吉与山西省标准化研究院、温州市标准化研究院、丽水市质监局、西北农林科技大学农业标准化研究所、福建省质监局、浙江省商务厅等30余家单位400余人开展美丽乡村标准化建设工作经验交流。多家省外单位前来学习安吉优秀经验。2018年5月中旬，河北衡水滨湖新区管委会考察团一行15人先后来到安吉县递铺街道鲁家村、灵峰街道横山坞村中国美丽乡村展示馆调研安吉美丽乡村标准化建设工作，通过图片、影像资料对安吉县标准化建设的发展历程有了更为具象的认知；2018年5月30日，江西华中标准化事务所考察组一行5人前来参观，先后赴递铺街道鲁家村、灵峰街道横山坞村、天荒坪镇余村实地了解安吉美丽乡村标准化建设工作的开展情况，详细了解安吉践行"绿水青山就是金山银山"重要理念的生动历程。

此外，2018年10月，安吉受邀参与第24届中国义乌国际小商品（标准）博览会。本届博览会首次设立标准主题专区，为博览会注入标准元素和标准理念。浙江省人民政府副省长王文序，国家市场监督管理局党组成员陈钢，浙江省质量技术监督局党委书记、副局长杨烨等领导及国际标准化组织ISO秘书长塞尔吉奥·穆希卡，参观了安吉馆。在展会现场，安吉向参展领导和来宾展现了安吉美丽乡村标准化建设体系和历程，并对国家标准《美丽乡村建设指南》和一些重要地方标准进行了现场解读，展示了安吉美丽乡村标准化建设的成果。

经过10余年的努力，安吉农民的生活条件大为改善，公共服务基本实现城乡均等，江南乡村魅力再现。而安吉美丽乡村标准化建设的星星之火也从浙江蔓延到全国，迅速发展成燎原之势。温州市苍南县各有关乡镇和单位认真学习借鉴安吉的先进思路和成功经验，坚持生态立县、工贸强县、海洋兴县的战略，从2009年开始实施"绿色苍南·美丽家园"5年行动，基本建立了覆盖全县的四级垃圾处理机制和农村污水处理设施系统，农村面貌有了很大改观。2018年，山东省不远千里参与安吉县美丽乡村创建村党组织书记培训班，派遣全省近1000名优秀村书记前来学习安吉美丽乡村建设的先进模式，加快基层服务管理新体系的建设工作，1808个乡镇（街道）建立了标准化综治中心。2019年，广东省佛山市里水镇委党校举办年度党支部书记、经济社干部及党员骨干乡村振兴专题培训班，学习浙江省安吉县"生态立县"经验，开展"三清三拆三整治"行动，发布了大力度的镇村资金分配政策，结合党员"户联系"和党建网格建设，带动广大群众参与美丽乡村建设工作。

第二节　标准化实践的影响

一、"安吉模式"，建设成果斐然

美丽中国，安吉实践；美丽乡村，安吉先行。到安吉的美丽乡村走一走、看一看，或小桥流水、青砖黛瓦，或清波荡漾、古树盎然，或人口集聚、产业兴旺。它凭借绿肺夺得了一项项荣誉（图5-2）。

2000年，安吉提出了生态立县战略；2003年，安吉正式提出建设生态县。10余年来，安吉生态建设取得了一系列成绩并获得了一系列荣誉称号："国家级生态示范区"、"国家生态县"（首个荣获县）、"中国生态文明奖"、"绿水青山就是金山银山"理论实践试点县、"全国绿化模范县"、"国家园林县城"等。国际标准化组织、国家标准化管理委员会、国家质量监督检验检疫总局、浙江省市场监督管理局的多位领导前来视察安吉美丽乡村标准化工作，并给予充分肯定。

2010年，安吉县荣获"国家级美丽乡村标准化创建示范县"称号。

2016年，安吉等地农村综合改革标准化试点成效获国家标准委表彰。

2018年，以安吉县为主制定的《美丽乡村建设指南》国家标准，荣获首届浙江省标准创新贡献奖重大贡献奖，

图5-2　安吉县获得的一系列荣誉

并获得百万元奖励金。

2019年6月，经浙江省委全面深化改革委员会第四次会议审议，安吉成为全省新时代县域践行"绿水青山就是金山银山"重要理念综合改革创新试验区。同年10月，在金华举行的第二届中小企业标准化（国际）大会上，浙江省首次发布了《2019年浙江省标准化工作白皮书》，安吉县农村综合改革美丽乡村建设标准化试点项目作为先进经验代表，被写入白皮书。

2020年3月，浙江省委党校（浙江行政学院）、今日浙江杂志社、浙江省改革研究和促进中心等单位组织开展了2019年浙江省改革创新最佳实践案例评选。经过实地调研、专家评议、网民推荐等环节，评选出"特别贡献案例""最佳实践案例""优秀实践案例"3个类别，"绿水青山就是金山银山"理念指导下的安吉美丽县域综合改革创新案例，光荣入选"特别贡献案例"类别。

二、安吉经验，助推内在升级

安吉美丽乡村标准化建设是一个循序渐进的过程，从生态立县到美丽乡村，安吉不忘初心，给人们勾勒出一个"环境优美、生活甜美、社会和美"的现代化新农村样本。

一是绿水青山颜值更高。多年来，安吉坚持保护环境，守护美丽家园。围绕县域大景区建设，大力推进厕所、垃圾和污水治理三大革命，到2018年底，安吉县累计新建、改建厕所1200多座，建成农村生活污水处理终端3000余座，地表水、饮用水、出境水达标率和农村生活污水处理覆盖率均达100%。同时，安吉县一直致力于探索农村生活垃圾集中收集，形成了以"余村模式"和"上墅模式"为主的"四分四定"运作模式，农村生活垃圾不落地村达到156个，覆盖率达到83%。其中，孝丰镇横溪坞村积极探索"垃圾不出村"，打造"零垃圾村庄"，通过上门宣传、集中教育和农户试点的办法，经过5个月的时间，在建章立制的基础上，专门建设了垃圾资源化利用中心（蛹工坊），把可回收垃圾制作成文创产品。通过种种有益的探索，该村实现了日处理垃圾从1000千克到100千克的减量，真正实现了垃圾资源化、减量化、无害化处理和利用。

二是金山银山成色更足。安吉因地制宜开展村庄经营，按照村庄特色对全县187个行政村进行分类策划、分类设计、分类建设、分类经营。截至2019年底，全县55个精品示范村共吸引工商资本项目215个，协议投资额达315亿元。创建国家级旅游度假区，全国首批全域旅游示范区，3A级景区村庄39家，其中国家级11家，A级景区村庄181个。大力推进休闲旅游产业发展。通过美丽乡村建设，以高家堂村、鲁家村等为代表的一大批美丽乡村经营典范纷纷涌现。以多种模式做好美丽乡村的经营文章，培育了一批乡村旅游示范村。同时，还发展提升了570多家精品农家乐、洋家乐和民宿。到2019年底，安吉县休闲旅游业总人次达2807.4万人次，旅游总收入达388.24亿元，实现了"绿水青山"的"淌金流银"目标。同时，安吉还大力发展生态农业和生态工业，积极发展生态循环农业和观光休闲农业，通过发挥良好的生态环境和区位交通优势，打造宜居、宜业、宜游城市，吸引了一批优秀人士来安吉投资兴业，催生了一批新经济、新业态和新模式。

三是百姓生活品质更好。标准化建设使安吉的农村公共服务事业发展更完善。通过实施《美丽乡村社区公共服务设施设置及管理维护要求》等标准规范，安吉在全县90%以上的行政村建立了标准化劳动保障平台。建成村级便民服务中心215个，形成覆盖全县的"2公里便民服务圈"。实现农村联网公路、城乡公交、劳动就业、卫生服务、居家养老、学前教育、广播电视、文化体育、城乡居民社会养老保险等11项公共服务全覆盖。2007年以来，安吉的农村住户人均可支配收入从9196元增加到33488元，高于2019年全省平均值，城镇居民人均可支配收入从18548元增加到56954元。城乡收入比从2.02∶1缩小到1.70∶1。平安和谐程度、群众幸福指数明显提高，统筹城乡实现度达到90%。

三、安吉手段，辐射范围深广

"美丽乡村"政策在安吉县取得成功的同时，还扩散到浙江省乃至全国其他地方。

（一）安吉县美丽乡村政策向其他省区市波浪式扩散

从全国来看，浙江省安吉县第一个提出"中国美丽乡村"建设计划。2008年安吉县出台《建设"中国美丽乡村"行动纲要》，浙江省出台《浙江省美丽乡村建设行动计划》。

受安吉和浙江美丽乡村政策的影响，广东省和安徽省在2011年开始试点美丽乡村建设，海南在2012年跟进，浙江省金华市、衢州市也在2012年深入学习贯彻落实《关于建设美丽浙江创造美好生活的决定》《关于"千村示范、万村整治"工程，全面推进美丽乡村建设的若干意见》等文件精神，加入美丽乡村建设的行列。党的十八大提出要把生态文明建设放在突出地位，努力建设美丽中国后，农业部于2013年启动了"美丽乡村"创建活动。2013年5月，习近平总书记做出指示，要认真总结浙江省开展"千村示范、万村整治"工程的经验并加以推广。他提出："进一步推广浙江好的经验做法。因地制宜、精准施策，不搞'政绩工程''形象工程'，一件事情接着一件事情办，一年接着一年干，建设好生态宜居的美丽乡村，让广大农民在乡村振兴中有更多获得感、幸福感。"此后，美丽乡村政策快速扩散，进入高峰期，天津、江苏、辽宁、江西、北京、上海、吉林、福建、贵州、陕西、甘肃、青海等地纷纷响应，提出要建设美丽宜居乡村。2016年，河北、山东、湖北、湖南、云南等省结合实际，制订建设美丽乡村实施文件。

（二）安吉推出美丽乡村省级标准和国家标准，推动美丽乡村标准化建设向其他省区市波浪式扩散

2014年2月，由安吉美丽乡村系列标准提炼转化的《美丽乡村建设规范》（DB33/T 912—2014）成为国内首个省级美丽乡村建设标准。此后，安吉县政府作为第一起草单位，参与制定《美丽乡村建设指南》国家标准，并于2015年4月正式发布。

美丽乡村建设规范从县级标准规范升级为省级标准，又升级为国家

标准。自《美丽乡村建设指南》国家标准出台后，各省级标准化部门联合相关部门积极推广实施该标准。据不完全统计，福建、辽宁、广西、重庆、陕西、海南等20多个省区市全面推广实施该国家标准。河北、宁夏、上海、黑龙江、湖南等10余个省区市将美丽乡村标准化列入标准化体系建设发展规划。目前已发布的综合性美丽乡村省级地方标准有6个，与美丽乡村相关的省级标准和市、县级标准规范不计其数（图5-3）。国家标准委与财政部联合开展农村综合改革标准化试点，4批试点（114个县/区）推行该国家标准。全国近千个乡村按照该国家标准积极创建美丽乡村。2016年，国土资源部在制定出台的《土地整治项目规划设计规范》（TD/T 1012—2016）的行业标准中引用该标准。

此外，安吉美丽乡村标准化建设模式，亦为全国提供了优秀样板，"安吉模式"的身影遍布全国。

丽水市遂昌县围绕"洁净乡村、富裕乡村、智慧乡村、活力乡村、和谐乡村、文明乡村"创建目标，构建涵盖"五位一体"的标准化体系。体系表共涉及735项美丽乡村管理、服务等方面的标准与规范，确保了美丽乡村建设有章可循，并形成6大标准子体系，确定了每个子体系的核心标准，并重点实施和推广。通过多年的努力，遂昌县美丽乡村标准化建设取得了丰硕的成果和良好的成效，标准化观念已深入人心，农民增收致富，乡村综合实力得到稳步提升。

泉州市永春县于2014年9月11日在福建省率先发布《美丽乡村建设规范》（DBJG 350523/001—2014），编制完成《美丽乡村公共服务》《美丽乡村服务型党组织》《美丽乡村产业发展》《美丽乡村环境整治》《美丽乡村旅游建设》《美丽乡村文体建设》等6个子标准，形成"1+6"美丽乡村标准化体系，明确了美丽乡村的规划、建设、管理、维护等各个环节所需开展的工作和应达到的要求，把产业发展放在美丽乡村建设的突出位置，把促进农民增收作为美丽乡村建设最重要的考核指标，指导各镇村科学实施富民产业发展工程，整合农村当地资源要素，培育"一村一品"特色产业。

遵义市凤冈县按照"结构合理、内容完善、特色明显、科学适用、便于操作"的原则，制定了基础标准、建设标准和评价标准等3大类65

项美丽乡村建设标准体系。紧抓生态和发展2条主线，对茶园、茶区、景点进行科学规划和设计，以"四在农家·美丽乡村"标准化建设为抓手，推动茶旅一体化发展，积极发展绿色有机产业，加强美丽乡村建设，带动了当地经济发展，增强了群众获得感。

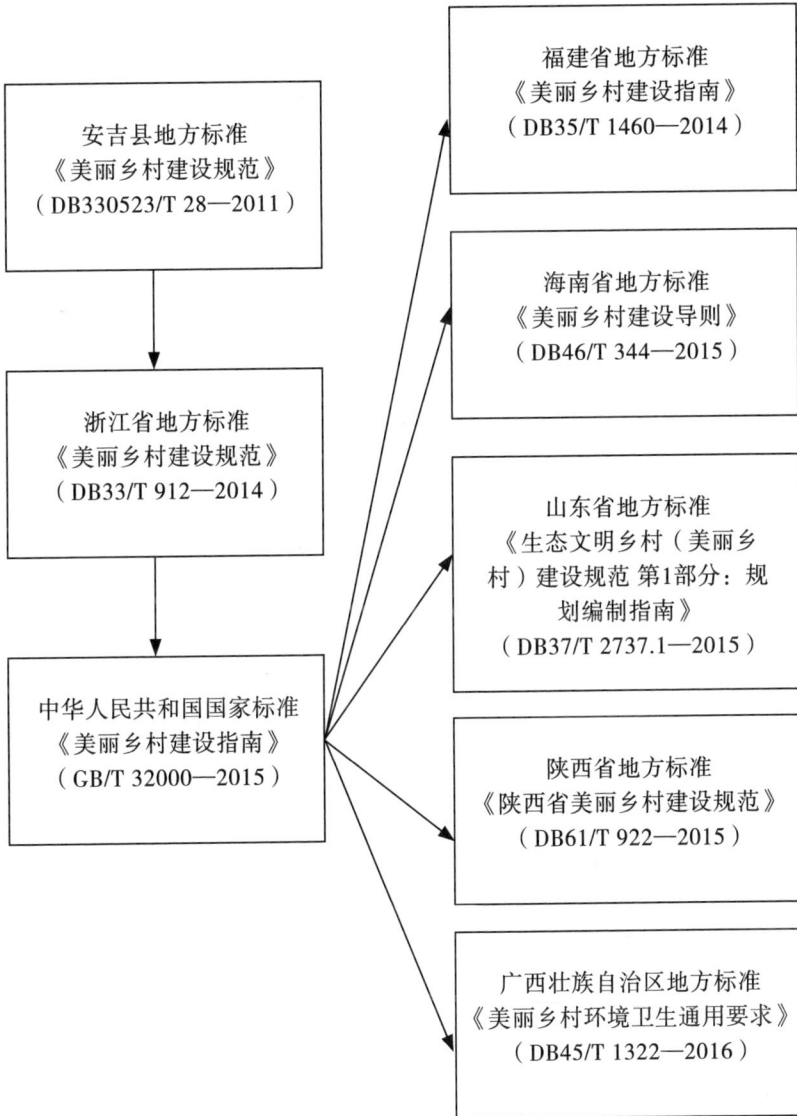

图5-3 安吉标准辐射全国

第六章

美丽乡村建设标准化
试点实践案例

第一节　破茧成蝶：锦绣余村村

余村村，隶属安吉县天荒坪镇，因地处天目山北坡余岭而得名。余村三面环山，一条小溪从村中流过，是一个典型的小山村。走进余村，一幅乡村美景跃入眼前：远处群山苍翠、竹海连绵，近旁草木掩映、溪水潺潺，一派和谐安宁的景象（图6-1）。作为习近平总书记"绿水青山就是金山银山"理念发源地，余村经历了长达10年的生态探索。

图6-1　余村村貌

一、"石头经济"的困惑

20世纪七八十年代，东部沿海地区加快城市建设，石灰、水泥等建筑材料市场需求旺盛。由于余村所在山区石矿资源丰富且质优，于是余村人就地取材，大规模开山采矿，发展矿山经济。当时，全村200多户村民，一半以上在矿区务工，村集体年收入常年超过300万元，不仅解决了温饱问题，还成为安吉县的一个"首富村"。

然而，余村通过"靠山吃山"这种方式"富起来"的同时，也将人与自然的关系推向紧张状态，遭受了来自大自然的报复。由于过度开采、工业粉尘排放，村内生态环境遭到了巨大破坏，农业生产无法正常开展，人居环境恶化，严重影响了村民的身体健康，矿山和水泥厂里的安全生产问题令人头痛。这些问题在余村"富起来"的过程中愈来愈严重，经济上的"富裕"与生态环境上的"贫穷"，物质生活的改善与生产生活环境的恶化，成为余村的发展之痛。"石头经济"带来的困惑更是成了余村人放不下的心病。

二、取舍之间的高明

在自身发展的现实困境中，余村人得到了第一次生态启蒙，他们在反思中开始认识到：一切奋斗都是为了生活得更好，而生活得好就不能以牺牲生态环境为代价，再丰富的自然资源也会用尽枯竭；生态环境是人们生活得好的前提条件，没有优美的生态环境，物质财富的创造也就失去了意义，生活得更好就是空想。

环境污染治理、生态战略取向促使余村人下定决心放弃"石头经济"，尝试发展"生态经济"，而"绿水青山就是金山银山"重要理念的提出，则使余村坚定了走绿色发展之路的信心，从生态启蒙走向生态自觉。世纪之交，在太湖治理专项行动中，安吉县关停大量高排放、高污染企业。2001年，安吉县确立"生态立县"战略；2003年4月，时任浙江省委书记习近平赴安吉调研时强调："推进生态建设，打造'绿色浙江'，像安吉这样生态环境良好的地方，要把抓特色产业和生态建设有机结合起来，深入实施'生态立县'发展战略，努力在全省率先基本实现现代化。"同年7月，时任浙江省委书记习近平提出"八八战略"，其中包括"进一步发挥浙江的生态优势，创建生态省，打造'绿色浙江'"。在此背景下，余村遵循"绿色浙江、生态立县"的战略要求，下定决心关停了村内的矿山、水泥厂。然而，随之而来的是近半数村民成为闲置劳动力，失去了收入来源；村集体经济年收入骤降到60万元以下。在迷茫中，部分村民开始尝试创办农家乐、休闲农业等新产业新模式，但余村人当时整体上对于生态经济这一新出路、新尝试的信心还不够坚定，难以预期未来的发展前景。

2005年8月15日，习近平在余村调研时强调，村里关停矿山和水泥厂，开发农家乐，打造"休闲余村"的做法是"高明之举"，"绿水青山就是金山银山"，"生态旅游是一条康庄大道"。正是这一重要发展理念指导经历了生态启蒙的余村人走出迷茫和困惑，坚定了余村人发展生态经济、走绿色发展道路的信心，从此走向生态自觉。

三、破茧成蝶的转身

从曾经采矿加工的"石头经济"，到依山傍水的绿色经济，从过去的"靠山吃山"到现在的"养山富山"，10余年来，余村深入践行"绿水青山就是金山银山"重要理念，深化美丽乡村建设，全面诠释"美丽"内涵，构筑包括生态经济、民主法治、生态文化、乡村治理、民生改善等在内的"绿水青山就是金山银山"乡村实践体系，实现了生态环境保护与经济社会发展的双赢。

（一）整合村域资源、优化发展规划，打造绿色发展新格局

结合美丽乡村和国家景区建设标准化要求，通过实践《美丽乡村环境卫生通用要求》《农家乐服务质量通用要求》《水环境优美村创建规范》《美丽党建工作规范》等系列标准规范，余村将"绿水青山就是金山银山"重要理念融入村域建设各领域，极大地改善了村庄环境和生活风貌，优化调整了村庄发展规划，形成了农家乐、漂流、荷花山景区、度假酒店等系列旅游服务产业和"三区一环"（即生态旅游区、美丽宜居区、田园观光区及环村绿道）的村域空间布局（图6-2、图6-3）。

生态旅游区以山地徒步体验、荷花山景区为核心，主打休闲旅游项目；美丽宜居区以农家乐为核心，人居环境舒适，村域绿色庭院占比

90%以上；田园观光区以果蔬采摘、花海欣赏为核心，还村民与游客一片自然美景和田园乐趣；"绿水青山就是金山银山"示范小镇核心环村绿道串联余村各个景区。

图6-2　春林山庄　　　　　　　　图6-3　余村荷花山漂流

（二）推进生态经济化与经济生态化，打通"绿水青山就是金山银山"转化新通道

余村利用村内自然风光、历史人文景观，如始建于五代后梁时期的千年古刹隆庆禅院、被誉为"江南银杏王"的千年古树、有"活化石"之称的百岁娃娃鱼、矿山遗址、溶洞景观、百亩花海、文化礼堂、生态文明展示馆、"绿水青山就是金山银山"会址公园等，逐步形成旅游观光、河道漂流、登山垂钓、果蔬采摘、农事体验的休闲旅游产业链。2019年，余村实现农村经济总收入2.796亿元，接待游客90万人次，村集体经济收入从2005年的91万元增长至521万元，村民人均年收入从2005年的8732元增加到49598元，高于浙江省平均水平，真正使绿水青山变成了金山银山。

经济生态化则指将生态理念融入经济发展，促进经济绿色低碳循环发展，提升经济发展的绿色生态含量。余村注重生活方式和生产方式的绿色化，推行垃圾分类、污水分类处理，按时段集中收集、统一处理生活垃圾，为乡村休闲旅游创造良好环境空间；调整三大产业结构，优先发展生态旅游产业，带动生态农业提质增效，增进村域工业企业绿色生产能力。

从余村实践中，我们可以更深刻地认识到"生态环境问题归根到底是经济发展方式问题"。生态经济的本质是美丽经济，它打通"绿水青山就是金山银山"转化的新通道，既为美丽乡村建设创造了物质基础和经济条件，也保护了乡村优美生态环境这一重要自然资本，达到了产业兴旺、村强民富、美丽宜居的价值目标。

（三）培育"美丽细胞"，多措并举激活绿色发展潜力

余村坚持"以人为本"，注重美丽乡村建设的民生维度，培育每位村民的生态自觉和生态参与，构筑"绿水青山就是金山银山"实践的群众基础。

一是护美绿水青山，为村民提供优良人居环境。乡村人居环境建设的主体是村民，乡村家园归属感、责任感是余村人共同参与环境治理的强大支撑力。多年来，余村组建党员志愿者等多支队伍深入开展"三改一拆""四边三化""五水共治""垃圾不落地"等行动，有序推进污水处理、生态河道建设，成效显著。

二是修缮公共服务区，为村民日常生活提供便利。修建文化礼堂、党建文化广场、数字电影院、"绿水青山就是金山银山"绿道、游憩乐园、春泥活动室等公共文化场所和矛盾纠纷多元化解中心，以及"绿水青山就是金山银山"法庭、家园卫士、警务室、心理辅导室、旅游集散服务中心等功能区，为村民日常文化休闲活动和解决矛盾冲突问题提供场所，满足村民美好生活的需要。

三是完善农村社会保障体系，提升村民生活水平。不断挖掘并合理转化"绿水青山"优势，壮大村集体经济，拓宽村民收入渠道，增进群众获得感。与此同时，普及农村合作医疗和养老保险，加大对村内困难家庭、弱势群体的关爱，尽可能地让美丽乡村建设成果公平地惠及每一位村民。

四是推行乡村治理新模式，为村民发挥主人翁作用拓展渠道。形成了以法治为保障、以德治为基础、以自治为根本的"三治"融合乡村治理新模式。关于村内重大事项，村两委在法律咨询的基础上，召开村民代表大会进行民主协商，共同决策，确保决策及实施既符合法律法规，

又体现村民集体意愿。

比如，余村制定实施了涵盖生态环保、文明施工、勤俭节约、垃圾分类、文明治丧等10个方面的《村规民约》。深入开展"立家规、传家训、树家风、圆家梦"活动，家规、家训选树率100%。

探索实施《村民股金分配管理办法》，把村民遵守村规民约、家规家训情况与年终分红紧密挂钩，实行积分制动态管理考核，引入失信违约"一票否决制"。成立由退休干部、村民组长、党员代表、乡贤骨干等组成的村民议事会、道德评议会、禁毒禁赌会、红白理事会"四会"组织及"党员＋群众"组成的平安志愿者队伍等，统筹负责村民生产生活行为管理与监督，充分调动村民参与的自觉性和积极性，促进村庄和谐有序发展。

10余年来，余村无一起刑事案件，无一起群体性事件，无一人越级信访，无一起安全责任事故，历任村干部无一人违规违纪，全村矛盾纠纷调处率和调解成功率均达到100%，连年获得平安示范村、无邪教村等荣誉称号，百姓既安居乐业又意气风发，社会既安定有序又充满活力。

可以说"绿水青山就是金山银山"重要理念牢牢扎根在余村的每个角落，并不断焕发出强大的生命力、影响力和感召力。余村在习近平新时代中国特色社会主义思想的指引下，着力推动乡村治理能力和治理体系现代化，全力打造全国"绿水青山就是金山银山"实践排头兵、乡村振兴样板村，努力贡献更多可复制、可推广的乡村治理"余村经验"。

第二节 白茶飘香：富丽黄杜村

溪龙乡黄杜村位于浙江之北、溪龙乡南部，区域面积10.5平方千米，共有6个自然村、9个村民小组，有农户418户，人口1546人，共有党员57名，村两委班子成员共6人。2019年村级集体经常性收入达90万元，人均纯收入4.91万元。全村所有农户均从事白茶种植、生产和销售，被誉为"中国白茶第一村"（图6-4）。

图6-4　黄杜村村民种植白茶

一、一片叶子的增"金"路

以前，黄杜村农户的收入主要依靠山上的毛竹，1994年人均收入1052元，为典型的贫困村。1994年开始实施小流域综合治理，建成并砂改油5公里村级公路，建成一条盘山机耕路和一条田间机耕路，改善了水利等基础设施。村民开始开发荒山，发展板栗、红竹、辣椒、茶叶等地方特色产业，逐步解决了温饱问题，初步尝到了效益农业的甜头，思想观念开始发生转变。

1997年，溪龙乡党委、政府经过大量的调查研究，根据溪龙乡农业特色产业的比较效益、发展前途，认为以安吉白茶为主的茶叶生产地方特色明显，自然条件适宜，单位面积产值高，利润空间大，市场空间广，应该作为山区村发展的重点，提出了千亩白茶基地建设规划，明确了安吉白茶在溪龙乡农业中的重要地位，并在黄杜小流域建立了白茶基地。村支部、村委会认识到白茶发展的巨大前景，相继召开村班子专题会议，党员、生产队长、村计生、妇代会和村民代表等骨干会议，进行层层宣传、广泛动员，明确了以发展白茶种植业为主的发展思路。村支部、村委会班子成员带头种植白茶，并开展"一对一"带动动员，即联系一个村民小组，带动一户农户，安吉白茶由此得到了迅速发展。安吉白茶于1982年繁育成功，1987年溪龙乡种下0.1亩白茶。到1996年春，10年间全乡才种植50余亩，1998年已突破1000亩，1999年达3000亩，其中黄杜村种植面积占70%以上。为此，乡党委、政府2000年又提出了建设1000亩有机茶基地和建设万亩白茶基地规划，改变了以前农业小而全的局面，安吉白茶在黄杜等山区村的支柱产业地位得以确立。

白茶产业发展起来后，加快技术创新、不断提高产品质量成为当务之急。黄杜村多次邀请中国农业科学院茶叶研究所、浙江大学等省市县农林部门、科研院所的专家进行培训，内容涉及有机食品、生态知识、生产标准、病虫防治、茶叶加工、农业经营理论等一系列知识，提高了农户的经营管理水平。如茶叶生产连续四届获中茶杯特等奖，连续四届获国际金奖，且参赛多数厂家均得到金奖，反映出整体较高的生产水平。如今，黄杜村白茶产品定位在中高端，且原产地茶叶近年来始终处于供不应求的状态。产业的发展带动了群众的生活水平，黄杜村人均年收入突破10万元，位居全省甚至全国的前列。

而且，围绕"一村一品"发展模式，黄杜村开始在"白茶第一村"品牌上做深文章，营造氛围实施《美丽乡村农业标准化园区建设通用要求》（DB330523/T 35—2011），发展特色农业。通过茶文化长廊、白茶主题公园连接黄杜进村入口和国家级标准化白茶园区，一路铺垫，营造氛围。走进了黄杜村，无论是纸杯上小小的白茶叶片、公益广告灯箱的底板上隐约起伏的茶山，还是茶厂农户家墙壁上的茶文化绘图、中心村农民公园里白茶传说的雕刻，每处小小的细节都能让人感受到身处茶乡的青山绿水中。

二、人居环境的添"彩"路

鼓了钱袋子，改善居住条件、建设生态人居环境的问题又摆在面前。2001年，黄杜村从规划入手，结合村内实际情况，因地制宜，高起点高标准制定生态村规划，委托上级有关部门对该村的生态建设规划进行编制，通过专家评审，制定了黄杜村生态建设实施意见。共投入180余万元，对3个自然村进行了环境整治，全村主干道硬化率达85%以上，绿化覆盖率达75%，改厕率达80%，村容村貌发生了巨大的变化，受益人口达80%以上。完成了《全村域新一轮村庄规划修编》《全村域村庄环境提升专项设计》《现代产业发展规划编制》。实施《美丽乡村农房改造建设规范》（DB330523/T 015—2016），针对村落分布、村貌地势、人口分布等特点，整合各种可利用资源，以确保各自然村创建提升全覆盖，让全体老百姓共享创建新成果。

按照生态村的规划，结合该村生产生活实际，全面启动了一批生态工程项目，重点抓好生活垃圾和生活污水的处理，委托专业治污公司设计建设，建成排污水泥本槽1000余米、湿地污水处理池1座，采用环保局推荐的生物湿地方法对中心村农户的生活污水进行集中治理，建立了村垃圾收集系统，对村民生活垃圾进行集中，然后运到乡中转站处理。严格实施《美丽乡村长效管理规范》（DB330523/T 39—2011）、《农村生活垃圾分类处理规范》（DB330523/T 002—2015）等标准规范，日产分类垃圾及时得到清理，建立健全保洁队伍和长效管理督查队，每月定期对各自然村的卫生状况、环境状况进行督查，及时反馈意见，使环境建设的后续管理进入了互动一体的良性循环。实施《农村生活污水治理设施运行维护管理规范》等标准规范，完成大山坞、木竹塔、里黄杜生活污水处理工程。2014年至今，黄杜村共完成3个自然村200余户农户的污水处理设备安装，建造终端处理池7个，并已全部通过验收。

在基础设施建设方面，黄杜村严格实施《美丽乡村精品示范村考核验收规范》（DB330523/T 003—2015）标准，进行美丽乡村建设。先后完成了宋徽宗休闲广场、村旅游集散中心停车场、白茶产业园入口"一片叶子富了一方百姓"特色形象标志建设；对村主干道、农电、电信、广电线路因地制宜进行下地或整治；并对集散中心、各自然村原有基础上的绿化进行提升；完成中心村至黄杜村1.7公里公路的拓宽修复；完成了居家养老照料中心的创建；加强水利基础设施建设，实施《美丽乡村水环境优美村创建标准》（DB330523/T 010—2015），进行管理维护等工作。

三、党旗领航的飘"红"路

"致富路上，不让一个村民掉队。"村党组织因势利导，建立党群创业互助机制，力促党群抱团、资源共享、多元扶持、合力创业。互助会成立以来，累计为党员群众担保融资1000余万元，帮助100余户茶农集中加工销售。村里党员、群众富起来了，周边的乡里乡亲也不能落下。黄杜村党总支依托白茶产业核心区优势，联合中茶所、浙茶集团和周边村党组织一起组建安吉白茶产业党建联盟，推行"联盟＋支部＋人才＋产业"党建服务模式。2017年，溪龙乡白茶销售收入达6.2亿元，其中党建联盟指导下的溪龙青年创业联盟年销售收入达6000余万元。

（一）抓组织建设，夯实基层党建基础

注重人才队伍培养，建立起后备人才库。通过选拔考核，储备后备人才。注重以党风促作风，组织召开黄杜村班子民主生活会，着重对存在的工作标准不高、作风懒散、材料拖拉等问题进行自查剖析，使黄杜村整体面貌和村两委干部作风得到显著改善。继续发挥党建引领产业发展优势，持续扩大党建联盟朋友圈，并与湖报集团区县党支部签约共建，借助湖报资源力量持续扩大"中国白茶第一村"的知晓度和影响力。

（二）抓学习教育，强化党员理想信念

以"不忘初心、牢记使命"主题教育为契机，黄杜村持续在学深做实上下功夫，因地制宜开展一系列有特色的学习活动，科学排定主题教育活动计划安排，在扎实完成好各项规定动作的同时，建立星期一夜学、青老党员结对学、上门送学等学习机制，要求党员每年至少参加2

次以上集中学习，交流心得体会1次以上。严格落实每月主题日、"三会一课"等党内组织生活，多渠道、多形式组织听学党课。2019年一年来组织学习不同形式党课5次，组织开展各类主题活动13次，组织全体党员廉政学习1次。

（三）抓载体创新，激发党员先进活力

创新主题党日及党员集中学习机制，村内党员按各党小组、80后青年党员、老党员、预备党员和入党积极分子、妇女党员等划分形式参加党员活动及学习会议，要求到会必发言，使每位党员都成为发展的谋划者和践行者。以文明城市创建为良好契机，开展"美家代言人"创建评比活动，要求党员带头开展美丽庭院和好家风创建工作，每年至少参加1次文明志愿者服务行动，至少为身边群众解决1个切身困难。通过一系列载体创新和活动开展，村内党员参与黄杜村建设发展的热情更加高涨，服务群众的意识更加牢固。

眼下，黄杜村正以党员干部的优良作风，淳化民风、汇聚民心，向着共同富裕的目标迈进。

第三节　流金淌银：异彩横山坞

横山坞村是湖州市安吉县的一个村庄，全村共有454户计1557人口，外来人口3400余人，共分为6个自然村（图6-5）。近年来，横山坞村在习近平总书记"绿水青山就是金山银山"重要理念的指引下，深入推进产业融合发展，在产业融合发展中促进乡村治理，在乡村治理中促进农业增效农民增收，实现了生态宜居、乡风文明、产业发展良性循环，先后荣获全国创先争优先进基层党组织、中国十佳小康村、中国美丽休闲乡村、国家级美丽宜居示范村等荣誉称号。

图6-5 横山坞村全貌

走进横山坞村，整洁的村庄、现代化的设施、优美的环境映入眼帘，漫步在乡间干净整洁的柏油路上，可以看到村庄内散布着几座颇具文艺气息的艺术馆，几间格调清雅的民宿错落有致地坐落在茂密青翠的竹林之中。村内有一处洋溢着现代气息的3D墙画，引来络绎不绝的游客驻足欣赏（图6-6）。

图6-6 横山坞村的3D墙画

然而，在2003年之前，横山坞村还处于"垃圾满天飞""路中间的垃圾没有人管"的混乱状态。从2003年开始，该村大力开展环境整治工作，首先推行"五改一化"（改厕、改路、改水、改房、改线，环境美化）政策，其次成立保洁公司以保障环境建设，实施多项规章制度，以"积分"的方式激励各家各户参与"美丽家庭"评比活动，同时采用"负责制"的方法规定各家负责一部分公共区域的环境卫生，让村民逐渐形成"保护环境"的意识。经过多年的努力，村民们已经养成了良好的行为习惯。随着乡村面貌的变化，美丽的青山绿水吸引了不少城里人前来参观，于是该村的生态旅游逐渐发展了起来，农民的收入得到迅速提高。

一、深入细致，狠抓基层党建

（一）远程教育

远程教育一直是横山坞村民再学习、再教育的一个方式。横山坞村不但定期定量集中组织村民观看远程教育片，并做好相关考勤、讨论学习的记录，而且借助数字电视远程教育频道，使党员在家就能点播文件、视频等。

（二）三级联创

每个党员根据自身的情况在年初定承诺，根据履诺、平常党员表现情况对其4个季度的表现进行测评评分并公示。

（三）培育党建特色

加强四民工作法，即学民言、懂民俗、用民方、请民评，并认真做到倾听、解决，走村不漏户；强化四诺履职，村两委围绕经济发展、创业创新等方面做出承诺，并通过季度、半年度、年度履职情况评分。细化党支部书记责任清单，统筹村内发展。

（四）推进"党员责任岗"

为更好地创建美丽乡村精品示范村，维护全体村民共同利益、服务群众，横山坞村党支部从小区建设实际出发，在工作理念、工作制度、工作机制、保障方式等方面进行了探索，在晓山佳苑内开展"横山坞村党员责任岗"活动（图6-7、图6-8）。基于本村美丽乡村精品示范村建设涉及的众多工程项目，根据多方面、实在具体的需求，联系创建实际，设定了绿化养护岗、垃圾分类岗、污水整治岗等10余个岗位，村党员自由报名认岗、上岗，共同监督、参与美丽乡村精品示范村的创建。

图6-7　晓山佳苑住宅小区

图6-8　党员志愿者参加保洁活动

二、创建全面，升级美丽乡村

（一）中心村提升

恒园广场：为提升中心村景观，丰富村民文体活动空间，横山坞村将闲置的老村委办公楼改造成大型村级广场，取名恒园广场。其增加村民活动空间8000平方米，总投资120万元，广场设有该村首座观赏假山、喷泉、远程教育大屏幕及各类体育健身设施等。恒园广场的落成启用，为村民文体活动的开展和就近健身锻炼提供了条件和良好的环境。

文化礼堂：为加快创建美丽乡村精品示范村，丰富人民群众精神文化生活，推动社会主义核心价值观大众化，全面展示横山坞村的历史文化情况，横山坞村按照全县统一部署，结合村庄发展特色，扎实开展文化礼堂建设，将其作为精品示范村的重要节点工程来抓，有序提升硬件设施，合理布置软件设施。2014年9月，文化礼堂已建成并投入使用，总投入45万元，占地面积200平方米。整个文化礼堂一厅多用，集农家书屋、数字影院、乡村KTV于一体（图6-9）。

图6-9　横山坞村文化礼堂

高式熊艺术馆：为加快培育安吉灵峰街道休闲文化产业发展，提升横山坞村文化底蕴，2014年横山坞村引进上海筼溪文化传播公司在中心村建立了高式熊书法艺术馆。该项目位于横山坞村村委东侧，总投资2000余万元，是一个以传承和发扬中华书法、篆刻艺术精髓的艺术馆，并于2015年8月正式开馆。作为精品示范村的创建内容，高式熊艺术馆的建设管理严格按照《美丽乡村村落文化展示馆服务通用要求》（DB330523/T 01—2011）进行操作，丰富了横山坞村的文化旅游综合项目。

（二）目莲坞自然村改造

横山坞村为切实抓好农房改造建设项目，于2014年2月申报浙江省农房改造建设示范村试点项目。至2017年，目莲坞自然村1000平方米的附房、破旧房屋已完成拆除；村内300米长、4—5米宽的道路扩宽工程基本完工，完成四线入地并安装了13盏路灯；设计改造了目莲坞自然村入口节点、村民活动公园项目；完成了对目莲坞自然村81户自来水、污水管网铺设工作。同时，对目莲坞自然村500米的围墙进行了设计改造。至2017年，全村共计投入资金300余万元，改造农户52户，改造自然村公共场所2处。（图6-10）

图6-10　目莲坞自然村鸟瞰图

（三）山塘整治

在美丽乡村精品示范村创建过程中，横山坞村结合"五水共治"工作，对村庄里塘和外塘进行了修复，包括坝顶的平整及硬化、溢洪道改建、坝下防水设施拆迁、贴坡式排水体新建等工程。

（四）3A级景区创建

2013年，横山坞村结合正在创建的乡村旅游示范村项目，积极发展旅游产业，邀请专家进行旅游规划，并与安吉山水灵峰休闲农业发展公司合作，于2015年2月底成功创建国家3A级景区。项目包括中国美丽乡村展示馆、标准化停车场、游客接待中心、山水灵峰水果采摘园等实体。按照《美丽乡村村落文化展示馆服务通用要求》《旅游商品示范购物点创建规范》《农家乐服务质量通用要求》《农村聚餐管理规范》《农家乐餐饮服务安全经营规范》等地方标准规范的建设要求实施管理，并公示各项服务内容。

（五）垃圾分类

农村生活垃圾分类处理，是美丽乡村精细化长效管理的必然要求，结合实际，参照《农村生活垃圾分类处理规范》（DB330523/T 002—2015）、《农村餐厨垃圾资源化处理》（DB330523/T 46—2015）的要求实施，全面开展生活垃圾分类处理工作。前期积极宣传，召开妇女队长和生产组长会议，逐户发放标准文本、《实施垃圾分类，构建绿色文明》宣传资料，大力宣传农村生活垃圾无害化处理的目的和意义。2015年7月，统计各自然村的农户户数，购买"2桶1筐"装置并配备垃圾袋统一发放到户，农户将每天生产的可回收、不可回收、厨余垃圾投放到集中投放点，保洁人员每天定时清运。可回收垃圾由保洁人员运至仓库再进行二次分拣分类，变废为宝实现资源再利用；不可回收垃圾及厨余垃圾则直接运到资源循环利用中心进行处理。

（六）一站式服务

社区综合服务中心按照一类社区标准建设，总面积100平方米。该服务中心包括一中心四室五站的功能，可以代办城乡居民社会养老保险、党组织关系转正，提供就业咨询等信息，实行全程代理，努力做到有求必应、有难必帮，真正实现"一站式服务"。服务中心的建设管理严格按照《美丽乡村社区公共服务设施设置及管理维护要求》（DB330523/T 30—2011）要求实施。目前，安吉县187个行政村全部建有这样的公共服务平台。村工作制度及服务事项共分为19大类121项，对两委班子的具体工作做了详细的介绍。按照《美丽乡村村务管理规范》（DB330523/T 33—2011）的建设要求公示各项服务内容。村务公开查询系统按照《美丽乡村村务管理规范》的建设要求实施，公开本村的基本概况，村里的党务、村务工作及三资情况，老百姓也可以通过它了解村里的财务支出情况。

三、保障民生，建设精神文明

在民生保障上，横山坞村给村民办理、发放城乡医保卡，录入全村全民参保信息，按照《美丽乡村劳动和社会保障工作规范》的要求（DB330523/T 32—2014），建设并管理劳动保障信息平台。这个平台的建成，让村民不出村就可以找工作，非常方便。一些企业老板也可以通过这个平台来登记招工信息，扩招员工。平均每天有2—3人来咨询一些招工情况。

在精神文明建设上，横山坞村贴合《美丽乡村村民文化、教育、体育要求》（DB330523/T 36—2014），开展各类文体活动，丰富村民业余生活，还定期举办大型活动，包括文化礼堂送春联活动、残疾人慰问、生态日活动、地掷球和门球邀请赛、文化节开幕式、趣味运动会、平安创建晚会、老年人运动会等。通过各类活动形式，不仅向广大村民展示精神文化，也让更多的人参与表演、比赛等。同时，举办各类标准培训、摄影培训、消防培训、垃圾分类培训、食品安全培训、白茶种植技术培训、平安知识培训、法律知识培训等，提升广大村民的各项技能（图6-11至图6-14）。

横山坞村的经验表明，乡村并不必然是城市的附庸，乡村文化具有其自身独特价值。在乡村建设中要重视乡村文化的传承，而不能简单否

图6-11　横山坞村便民服务大厅　　　　图6-12　横山坞村老年活动室

图6-13　横山坞村文体队伍　　　　　　图6-14　浙江省首届生态运动会

定乡村文化的价值，甚至用城市文化"规训"和"改造"乡村文化。要发掘乡村文化的独特价值，就要根据每个乡村历史传承、地理环境、民俗风情、地域文化的不同，因地制宜地开展乡村建设。

四、乡村经营，打造文旅特色

"致富路上，不让一个村民掉队。"这是多年来，一任又一任横山坞村两委班子对党员、群众许下的不变承诺。村里的党员干部、致富能手先试先干，打开了"致富门"，村党组织因势利导推进"党组织＋公司＋合作社＋农户"的乡村经营模式，力促党群抱团、资源共享、多元扶持、合力创业，真正把绿水青山转换为金山银山。

2010年，横山坞村创建完成美丽乡村精品村后，村党组织着力转化创建成果，确定了"美丽乡村精品样板区＋文旅休闲体验区"的发展思路。摆在眼前的困难，就是如何做好村庄治理，提升全区域环境，着力把环境变资产，美丽变财富。

村党组织充分挖掘、整合横山坞村现有环境、产业资源。在充分尊重村域特点的基础上，邀请上海知名设计规划单位参与编制《村庄总体规划》《环境提升专项规划》《目莲坞美丽宜居专项规划》《3A级景区规划》《拆后利用规划》《绿化美化专项设计》等方案，既体现了生态文明理念，又凸显了文旅休闲产业特色。经过几年的建设，山水灵峰·田园熊出没乐园、中国美丽乡村展示馆、高式熊艺术馆、横山坞艺术民宿村落等项目建成运营，横山坞雕塑园、严家坞精品民宿、灵峰精品酒店、闲逸谷休闲度假区和雷露营房车营地等项目正在火热建设中，村貌村景显著提升，村庄集聚功能、观光功能日趋完善，休闲业态日渐丰富，一幅"村在景中、景在村中"的城郊美丽画面清晰可见。

为更好地营造村域旅游环境，2018年，安吉县市场监督管理局在横山坞村成功创建省级餐饮示范点及省级放心消费示范样本单位，创建放心消费示范店14家。2018年，湖州电视台《民生》栏目专门采访横山坞村放心消费示范店，并播放了《放心消费，从农村出发》节目。在安吉县市场监管局的指导下，横山坞村已成立放心消费诚信联盟，并通过定制的"放心消费扫一扫"二维码呈现放心消费示范单位的营业执照、食品经营许可证、明码标价菜单、有无消费投诉、是否加入诚信联盟等具体内容。放心消费已写入村规民约，横山坞村以诚信经营来营造安全放心的消费环境，带动经济健康有序发展。

横山坞村在发展中，坚持让农民充分参与、获得收益。深化村级股份制改革，推动农民拿租金、挣薪金、分股金，实现集体和村民的双增收。2018年，每个股民人均分红3000元，在全县排名前列。2019年，横山坞村拥有经济户口82户，其中餐饮单位26家、食品销售单位19家、民宿6家，带动创业就业人数100余人。

第四节　山水如画：浪漫山川乡

"春来满山新绿倒映在溪水中，夏至古琴声起荷花别样红，秋风一吹落叶翩翩层林尽染，冬日白雪茫茫一片。"位于安吉县南端的山川乡，背枕天目山，山多、川多、竹海多，是"全国首个环境优美乡"和"中国美丽乡村精品乡"之一。

围绕安吉县委"两聚一美"发展大局，山川乡党委、政府以争创全域省级旅游度假区为载体，环境整治稳步提升，营商环境持续优化，百姓生活更加富裕，让美丽乡村在绿水青山中不断振兴。

一、小城整治再添靓色

近年来，从浙江省"千万工程"不断深化到"美丽乡村"持续建设，山川乡一直朝着全域旅游大景区的目标奋进。"山川乡立足省级旅游度假创建的要求，坚持品质化、特色化、人性化规划设计，全面提升美丽乡村建设和管理。"山川乡党委委员吴晓明介绍说，作为小城镇整治的重中之重，该乡将山川集镇作为全域旅游发展的一个中心枢纽来精心建设，创新提出"双片共进、三带展示"的规划布局，通过狠抓规划设计引领、完善基础设施、提升乡域环境、整治集镇秩序、强化长效管理等一系列工作，打造浪漫气息浓郁的特色风情小镇。

比如，对入乡道路两侧绿化进行全面提升。按景区化要求打造阆里入口节点，制作了代表山川特色的 208 米四季主题系列浮雕；完成"一纵一横"主次干道建筑立面特色改造2.5 万平方米，街道建筑外立面呈现蓝白相间的主色调，浓郁的地中海风情扑面而来；完成背街小巷拓宽改造和沥青铺设，打通"断头路"，基本实现集镇内部道路环通等。

此外，山川乡还建立健全卫生保洁长效管理制度，完善乡集镇精细化长效管理办法，其中高家堂村在污水处理方面成果优异。2003年，高家堂村在全国率先引进美国阿科曼湿地微生物分解技术、净化槽、WTBOX污水处理装置、太阳能微动力污水处理系统等污水处理技术分片处理农村生活污水（图6-15、图6-16）。《农村生活污水处理技术规范》（DB33/T 868—2012）浙江省地方标准框架，便是基于农村生活污水处理技术在该村的实践经验。截至2017年，污水处理设施纳管农户200余户，实现全村污水处理率95%以上。

图6-15　高家堂村污水处理系统　　图6-16　高家堂村阿科曼技术污水处理池

截至2018年，山川小城镇集镇综合整治、入乡景观带建设、背街小巷整治、鸬鸟溪水环境提升等9大整治项目全部完成，总投资超过5000万元。整治完成后的山川集镇荡漾在花海里，小巷如诗如画，街道宽敞而整洁，这些都让乡亲们啧啧赞叹。此外，山川乡还入选2018年小城镇环境综合整治行动首批省级样板名单。

山美、水美、田美，小城镇整治让山川的景色越发迷人，浪漫气息更加浓厚，与美丽乡村建设相得益彰。山川乡已成功创建马家弄村、高家堂村、大里村等3个安吉县美丽乡村精品示范村。

二、创新品牌项目频来

山川乡政府率先对马家弄村进行了村域环境大提升，修建公路，整治河道，让自然风光更加秀丽。在招商选资上更是"慎之又慎"，直到2015年灵溪山项目落户才一锤定音。该项目计划总投资2.8亿元，规划面积4605亩，建设以石佛寺观音文化为亮点，以潭、瀑、岩、野生杜鹃等生态景观为核心，集悬挑观光平台、禅修主题酒店、竹海观光索道等配套设施于一体的休闲度假项目。预计项目运营后，年接待游客量20万人次，营业收入4500万元。

根据省旅创建标准，结合现有休闲度假产品，如今的山川乡旅游业态不断丰富。总投资达4000万元的大里实践基地与国际户外品牌培训企业达成合作，灵溪山、老树林、七间房等度假产品品牌培养已被纳入全县品牌培育战略。截至2018年，山川乡50%的村成为安吉县乡村旅游示范村，村庄景区化建设已实现全覆盖。同时，马家弄、大里村又分别创建省级老年养生旅游示范基地和省级休闲旅游示范村等乡村品牌，全域旅游正在逐渐实现。

几年间，作为样板村，高家堂村建立了美丽乡村旅游综合标准体系，蝶兰风情谷旅游开发有限公司等2家公司建立了经营管理标准体系，竹笋专业合作社等3家观光、休闲类单位也建立了标准体系……在高家堂村采访时，许多村民说："标准改变了我们的习惯，我们的习惯也被写进了标准。"就像垃圾分类，如今家家户户都自觉养成了良好的生活习惯，村里还把村民习惯写进了标准，参与制定安吉地方标准规范《农村生活垃圾处理规范》。

比如，《农村生活污水处理技术规范》《美丽乡村建设规范》的实施，对高家堂村的基础建设基本要求制定了详细的规范，提高了生态环保要求，完善了建设管理、生活污水处理及监督管理的要求，改变了高家堂村的面貌。

《绿色农房建设导则》的实施，规范了绿色农房建设的基本要求，提升了村庄的整体环境，因地制宜，以农户新建住宅和水墨农庄为对象，以节约土地、节能环保为目标，积极推进农村绿色农房建设。

《旅游景区公共信息导向系统设置规范》《公共信息导向系统设置原则与要求　第11部分：机动车停车场》《旅游景区（点）道路交通指引标志设置规范》的实施，规范了公共信息通用图形标志的基本要求，提升了美丽乡村形象。

《旅游景区服务指南》的实施，规范了人员服务、服务设施、安全设施、投诉处理及管理方面的基本要求。

《旅游景区游客中心设置与服务规范》《旅游信息咨询中心设置与服务规范》《旅游景区讲解服务规范》的实施，规范了设备设施、管理和服务的基本要求，提升了服务水平和能力。

岗位工作标准的实施，加强了员工服务质量方面的培训力度，明确了员工的职责要求，可以提高员工的服务水平。

《服务评价和服务质量控制标准》的实施，使服务得到了监督，服务质量得到了保证，不仅提升了高家堂村的服务形象，还提升了其业绩。

遵循"由简到繁、以点带面、全面铺开、重点推广、创新提高"的服务标准化整体工作原则，以及"先按部门梳理、分工负责，再建立细化、完善整合"的标准体系编写方针和"简化、统一、协调、优化"的标准化工作原则，山川乡高家堂村应用现代化管理的新方法，充分结合旅游服务行业的实际情况进行制定，最大限度地覆盖了服务标准体系的相关内容，从而适应并满足其旅游不断发展的需要。

三、乡风传承焕发活力

高家堂村以环境建设夯实第三产业发展的基础，充分借助外力大力发展乡村旅游经济，遵循《美丽县域放心消费市场创建》系列标准规范，推进乡村经营建设，制定村庄整体规划，建成以山村体验、自然景观为特色，集吃、住、行、游、购、娱等六位一体的村域大景区，一年四季游客不断。马家弄村整体风貌大提升，主打乡土品牌。船村老树林等一批民宿集聚，原生态的追求成为都市人度假的优选地。大里村实践教育基地是中小学生游客的乐园……如今的山川乡，从美丽乡村到村域景区，再到乡域大景区建设，又乘着省级旅游度假区创建的东风，传承着文化的自信，不断焕发出新的活力。

"现在草鞋没有人穿了，我就做一双，专门供大家欣赏。"在山川乡马家弄村五坊六艺展示馆里，九亩村一位老人的草编绝活引来学生和村民们的啧啧称赞，毛笋壳、稻草、嫩毛竹、葛藤都可以编鞋子。老人说，编草鞋这门技艺在九亩村已经有 400 多年的历史了，他的草编绝活是父辈传授的。据了解，五坊六艺展示馆就是全面展示农耕文化的，每当有民俗活动，编草鞋、打年糕、织山袜、制作印花糕等各种各样的民俗技艺，让游客目不暇接。

"优秀的本土文化是一笔宝贵的财富，不仅能够唤醒老底子的记忆，更能触动来往游客的心灵。"山川乡政府相关负责人表示。为此，山川乡全面传承古道、古宅、古树、古人等传统文化，积极融入生态、科技、红色等元素，赋予传统文化新的时代内涵。如，修缮完成阮氏古宅、九亩古道等一批具有历史记忆的古建筑；深入挖掘续目隐逸文化，展现返璞归真、隐逸山林的浪漫情怀；提升竹马灯、大里双龙、鳌鱼灯等精品"非遗"项目，智慧诠释民俗文化等，通过挖掘当地传统文化的底蕴，建设富有文化气息的休闲业态。

风景与文化的有机结合，同样赋予了"浪漫山川"品牌更多的内涵。以文兴业，在山川乡，江南威风锣鼓、竹马灯、鳌鱼灯、大里双龙等传统文化遗产，如今更是声名远播。"威风锣鼓队是我们这里的宝贝，它聚人心、促产业、讲和谐。"说起这些，山川人别提有多自豪了，每次演出头戴黄巾、身着黄衫的男女几十人甚至上百人同时敲响、舞动，鼓声如千军万马驰骋疆场，似滔滔江水波涛汹涌，气势磅礴，让人震撼。近到杭州、绍兴，远到江苏，一年有30多次外出演出，几乎每一项重大活动中都能看到威风锣鼓队威武的身影。

文化"种"在心里，乡愁古韵为"浪漫山川"增添了历史厚重感，彰显了人文情怀，展现了不一样的风情。

第五节　农业之花：田园鲁家村

鲁家村位于递铺街道的东北部，距离县城约5公里，东邻昆铜乡梓坊村，南接递铺街道南北庄村，西连递铺街道马家村，北邻溪龙乡横杜村。该村地理位置优越，低丘缓坡地形较多，山地山林资源丰富，杭长高速、11省道穿村而过，交通便利（图6-17）。

图6-17　鲁家村全貌

鲁家村占地面积16.7平方公里，辖13个自然村，16个村民小组，农户610户，总人口2100人。2013年，村集体收入83.6万元，人均收入2.05万元。

全村共有企业20家，主要为家具、木材加工、农家乐等行业，为本村解决劳动力245人。该村结合本村实际，大力发展白茶产业，现有白茶种植地面积近2000亩，白茶已成为该村大部分农户的收入来源。鲁家村先后获得体育先进村、工业发展先进村、湖州市三星级老年星光之家、美丽乡村精品村、勤政为民"十佳村班子"、五好党支部、县级文化体育示范村、县平安示范村、五星级农村社区服务中心、"创先争优"先进基层党组织、市级绿化示范村、市级信息化示范村、市级卫生村、市级美丽乡村、省级卫生村等荣誉称号。

2011年，鲁家村启动美丽乡村建设工程。经过几年的发展建设，鲁家村探索出一条美丽乡村建设和经营创新之路，即以18个各具特色的农场为载体，以"公司＋村＋家庭农场"为经营模式（简称"1＋1＋1"模式），启动了全国首个家庭农场集聚区和示范区建设，还通过市场化运作引进工商资本20亿元，引进了中药农场、花园农场、万竹农场等项目，实现公司、村、家庭农场三方共同体共营共利。

鲁家村在美丽乡村建设过程中实现了三个创新。

一是载体创新。以中国首个农场集聚区和示范村（体现4个方面功能体系）为目标，以18个各显特色的农场为载体，参照《美丽乡村精品示范村考核验收规范》（DB330523/T 003—2015）、《放心消费示范村建设与管理规范》（DB330523/T 30—2018）等标准规范，推动和实现美丽乡村示范村建设。

二是经营创新。以"公司＋村＋家庭农场"为经营模式，扬长避短，发扬各自优势，克服各自不足，体现风险共担、利益共享（三方各享1/3收益）的原则。

三是管理创新。以"三统三共"为核心理念（"三统"即统一规划、统一平台、统一品牌，"三共"即共建共营、共营共享、共享共赢），实现公司、村、家庭农场三方共同体共营共利。

一、"公司＋村＋家庭农场"模式

2013年中央一号文件首次提出家庭农场概念，于是鲁家村村委提出打造全国首个家庭农场聚集区的目标，并出资300万元邀请设计公司为全村做了旅游规划，同时与旅游团队合作成立专门的旅游公司负责全景区的管理运作，开辟了4.5公里的小火车道（图6-18），并引进众多外来和

图6-18　鲁家村旅游特色之一——"鲁家小火车"

本地的工商资本，打造了以18个差异化的家庭农场为核心的乡村景区。

在这个过程中，通过"公司＋村＋家庭农场"的模式，村集体将财政项目资金转化为股本金，实施"统分结合、双层经营"的理念，保证鲁家品牌的统一性和市场经营的灵活性。

在"村＋公司＋农场"模式中，村集体100%持股的乡土农业发展公司是核心的一环，其上连村集体和村民，下连18个家庭农场，充分把集体经济的优越性和家庭经营的积极性紧密结合到一起。

村民的收益有3块：土地流转的年租金，在村里就业后的工资，最大的一笔来自股份分红。

二、打造区域产业模式

作为一个经济落后的贫困村庄，鲁家村只有最原始的小规模耕作农业，没有名人故居、古村落、风景名胜和主要产业，只是一张白纸。对于鲁家村来说，这不仅仅是一个乡村项目的设计，更是一个区域产业模式的打造过程。

作为乡村转型发展最常见的模式，旅游要有看点。但由于鲁家村的基础环境简陋，重点开发观光产业，就要整改村容，不仅改造成本高，而且易出现偏颇；同时，原有的耕种产业与观光环境存在冲突。而发展度假休闲小镇，更倾向于房地产开发的做法，有悖于美丽乡村建设的初衷。经过不断探寻，鲁家村确定了规划的切入点：在现有的资源中挖掘亮点，从自然角度出发，以创新思路进行乡村建设。

鲁家村现有一些较为分散的小型农场，也有上千亩可供开发的丘陵缓坡——农场可以建设为有明确主题和特色的家庭农场，这对追求自然耕种的城市人群有着极大的吸引力，而广阔的土地可以作为众多主题农场的聚集平台，最终，鲁家村被打造成以农场为主要产业的主题农场聚集区，形成由多个家庭农场围绕核心吸引物共同聚集而成，以农业生产与休闲度假旅游为主的新型产业发展集聚区。

在提出主题农场聚集区思路后，同时创新地提出"1＋1＋P"开发模式，即一个主题农场集聚区由一个开发主体以一个特定主题为核心吸引物，围绕这个主题设置N个重要的功能板块，再围绕这些重要的产品设置M个独立的家庭农场，由M个参与者分别经营。由此形成核心吸引物与家庭农场相互支持、相互促进、相辅相成的关系，最终共同构成一个完整的主题农场集聚区。

"1＋1＋P"开发模式在鲁家村的直接体现即为"一农场一主题"，从吃、喝、玩、养不同方面打造不同主题定位。在这样的规划大框架下，村委同当地旅游公司组建农业发展旅游公司，以打造家庭农场为载体，以"公司＋村＋家庭农场"的模式进行经营，以"统一规划、统一平台、统一品牌，共建共营、共营共享、共享共赢"的"三统三共"思想作为整个系统的指导。

村内重点进行农场的建设，达到农村生产、生活、生态"三生同步"，农村一、二、三产业"三产融合"，农业文化旅游"三位一体"。为整合农村特有乡土资源，通过建立新主体、新机制、新模式，充分利用和保护山林田园和乡村民居的资源优势，以村内家庭农场集聚区为核心，打通鲁家村、南北庄和赤芝生态走廊，以线串点、以点带面，辐射带动鲁家村周边南北庄、义士塔和赤芝村，建设集"生产、研学、亲子、观光、养生、休闲"为一体的乡村旅游示范区。

三、打造主题农场集群

美丽乡村，规划先行。鲁家村的主题农场集群，是对休闲农业和乡村旅游在模式上的一次大胆创新，解决了规划的统一性和定位的差异化问题。面对资源较为分散的状态，在不改变农业种植业为重点的产业基础上，制定家庭农场规划战略。

生态圈的打造和多方共赢的合作机制发挥了关键作用。鲁家村注重生态圈的建设，18家农场不是孤立地存在，在它的周围，分布着村民自主经营的农家乐、民宿、农副产品销售平台，为农场提供配套服务，形成了一个循环机制，整个产业链健康且完善。

在规划过程中，坚持以农为本的自然生态理念，立足安吉县、递铺街道、鲁家村及周边村落实际，有效突出递铺街道鲁家村等4个村落的资源特色。鲁家村通过第一、第三产业结合的改造建设，取得了成功。

项目每年为当地村民增加工资收入超过2100万元；村民在旅游区中利用自己的住房开设民宿和农家乐，农家乐每年产值预计可达3000万—5000万元。

鲁家村旅游区与其他景区的区别之处，在于它回归了乡村的传统性和本真性，不搞浮于乡村旅游表面的农业观光，不仅对全村的自然资源做了整理规划，也对鲁家村自有的乡土文化和民俗进行了深度挖掘和开发，如木艺文化、红妆文化等。鲁家村打造了18家差异化的家庭农场，有万竹、蔬菜、果园、葡萄、高山、蝴蝶（野猪）等，每个农场都具备不一样的旅游体验。比如你可以在万竹农场观赏竹景，体验安吉特色竹手工艺的制作，试吃百笋宴。游客们可以入住在农户家中，在这里能看到最原始的乡村风貌，也会体验到最真实的乡村生活。

鲁家村模式对于全国其他乡村的转型发展有着借鉴意义，是生态文明建设的经典案例。

附 录

新时代美丽乡村建设规范

DB33/T 912—2019

（浙江省市场监督管理局2019年7月9日发布，2019年8月9日实施）

引 言

新时代美丽乡村建设规范，以习近平新时代中国特色社会主义思想为指导，贯彻高质量发展要求，全面对接《浙江省乡村振兴战略规划（2018—2022年）》，注重普适性与先进性、指导性与操作性、保基本与促提升、抓共性与显特色有机结合，持续深化"千万工程"，全面提升新时代美丽乡村建设水平，着力将农村建设成为富裕、文明、宜居的美丽乡村。

本标准中，标注▲的为否决性指标，行政村有其中一项指标符合否决情形，不得认定为新时代美丽乡村；标注★的为发展性指标；无标注的为基础性指标。

前 言

本标准按照GB/T 1.1-2009给出的规则起草。

本标准为修订标准，代替DB33/T 912-2014《美丽乡村建设规范》。与原标准相比，主要技术内容修订如下：

——标准框架修改为范围、总则、生态优良、村庄宜居、经济发展、服务配套、乡风文明、治理有效；

——第3章"生态优良"增加了垃圾分类等内容;

——第4章"村庄宜居"增加了风貌提升、美丽庭院建设等内容;

——第5章"经济发展"增加了数字乡村、乡愁产业、品牌打造等内容;

——第6章"服务配套"增加了被征地农民社会保障、就业服务、救助帮扶、生活便利等内容;

——第7章"乡风文明"增加了文化保护等内容;

——第8章"治理有效"增加了人才、青年回乡村,科技、资金进乡村,自治法治德治"三治"结合,平安建设等内容;

——优化了表述方式。

本标准由浙江省农业农村厅提出并归口。

本标准起草单位为:浙江省标准化研究院,浙江省"千村示范万村整治"工作协调小组办公室,安吉县人民政府,浙江省发展规划研究院。

本标准主要起草人:应珊婷、邵晨曲、全国栋、项晓辉、潘洋、严英军、程荣龙、陈自力、刘彦林、奚经龙、沈斌莉、姚晗珺、章强华、覃雅芳、赵德清、李健、华歆雨、何磊。

本标准于2014年4月首次发布,本次为第一次修订。

1 范围

本标准规定了美丽乡村生态优良、村庄宜居、经济发展、服务配套、乡风文明、治理有效等方面要求。

本标准适用于指导单个行政村开展美丽乡村建设,是美丽乡村评价依据。农村社区建设与评价可参照本标准执行。

2 规范性引用文件

下列文件对于本文件的应用是必不可少的。凡是注日期的引用文件，仅注日期的版本适用于本文件。凡是不注日期的引用文件，其最新版本（包括所有的修改单）适用于本文件。

GB 5768.1道路交通标志和标线第1部分：总则

GB 5768.2 道路交通标志和标线第2部分：道路交通标志

GB/T 18973旅游厕所质量等级的划分与评定

GB 19379农村户厕卫生规范

DB33/T 1151浙江省农村公厕建设改造和管理服务规范

DB33/T 2091农村生活垃圾分类处理规范

3 总则

3.1 坚持深化"千万工程"，建设新时代美丽乡村，着力破解农村建设发展不平衡不充分问题，更好地满足农民群众对美好生活的向往。

3.2 坚持绿色发展，深入践行"绿水青山就是金山银山"理念，推动生产生活生态和谐发展，打造人与自然和谐共生的新时代美丽乡村。

3.3 坚持科学推进，因地制宜、分类指导，规划先行、完善机制，突出重点、统筹协调，立足乡村特色资源和文化，打造特质化、个性化的新时代美丽乡村。

3.4 坚持农民主体，激发农民群众建设美好家园的主动性、积极性和创造性，鼓励社会各界广泛参与，实现共建共享。

3.5 坚持党建引领，强化基层党组织政治引领和服务群众功能，以组织振兴带动新时代美丽乡村建设。

4 生态优良

4.1 基本要求
村庄绿化、水体净化、地面洁化、田园美化。

4.2 自然环境

4.2.1 ▲①严格执行生态保护红线、生态空间管控制度。无非法占用永久基本农田行为；无违规采砂、取水、取土、取石、填埋水（海）域、烧山行为；无非法占用林地、盗伐与滥砍滥伐林木、非法破坏野生动植物资源行为；无休渔期违法违规捕鱼作业，无电鱼、炸鱼及毒鱼现象。

4.2.2 ▲劣V类小微水体全面消除。

4.2.3 对村庄山体、森林、湿地、水体、植被、农田、沿海滩涂等自然资源进行保护、生态保育和修复。

4.2.4 河长制、湖长制、滩长制、湾长制等管理制度落实到位。河道、滩涂、沟渠等长效保洁。

4.2.5 ★②积极推广太阳能、天然气等可再生能源、清洁能源。

4.2.6 ★开展农田生态化沟渠系统建设，控制农田排水氮、磷等污染物。

4.3 人居环境

4.3.1 农村生活污水处理农户受益率80%以上，处理设施运行正常，房前屋后无污水溢流；农家乐、民宿、小作坊等经营主体污水、油烟经处理后达标排放。

4.3.2 生活垃圾集中收集处理全覆盖，按照DB33/T 2091的要求全面开展减量化资源化无害化处理；可视范围内无明显垃圾。

4.3.3 开展农业面源污染治理。规模化畜禽粪污全部无害化处理、资源化利用或达标排放，病死畜禽全部回收并无害化处理。规模以上水产养殖场尾水达标排放；不使用农药进行清塘、清涂。

4.3.4 工业污染源持续保持达标排放；工业固体废物和医疗废物依法依规收集处置。

4.3.5 ★积极采用乡土树种，兼顾经济效益和景观效果，对村庄周

注：①标注▲的为否决性指标，行政村有其中一项指标符合否决情形，不得认定为新时代美丽乡村。

注：②标注★的为发展性指标。

边、公共场所及房前屋后进行绿化，应绿尽绿，适度彩化，养护良好。古树名木和森林资源有效保护。

4.4　田园环境

4.4.1　农业生产区域内设施大棚、生产管理用房等合法规范有序，无农地非农化行为。

4.4.2　农药化肥废弃包装物、废旧农膜及时回收，不得随意丢弃。

4.4.3　不得露天焚烧秸秆，开展秸秆综合利用。

4.4.4　★田间生产设施管理规范，杆线序化，与自然环境协调。

5　村庄宜居

5.1　基本要求

布局合理化、设施规范化、风貌特色化、管护制度化。

5.2　规划布局

5.2.1　按照多规合一要求，编制实用性村庄规划，科学安排村庄内用地空间，并严格执行。

5.2.2　中心村、建设项目较多的村庄，开展村庄设计。

5.3　基础设施

5.3.1　▲农村饮用水供水保证率95%以上，水质达标率90%以上。饮水型地方氟中毒的原病区村安全饮用水达标率100%。

5.3.2　▲无露天粪缸（池）、旱厕和简易棚厕。

5.3.3　排水管网（沟渠）布局合理，排水通畅。

5.3.4　村庄道路通畅，路面普遍硬化，路灯设置合理，公共区域亮化。通村道路、村庄主干道交通标志按照 GB 5768.1和GB 5768.2的要求设置。

5.3.5　桥梁安全美观，设有防护设施和警示标志，定期维修养护。古桥保护到位。

5.3.6　供电可靠，广播、电视、电话、邮政、网络等覆盖到村。20户以上自然村网络通达。

5.3.7　根据人口规模合理设置公共厕所，常住人口600人以上的行政村及自然村建有公共厕所，新建、改建、扩建公厕符合DB33/T 1151的要求。旅游厕所达到GB/T 18973质量等级要求。

5.3.8　无害化卫生户厕普及率99%以上，卫生符合GB 19379要求。

5.3.9　★实施雨污分流，推进水循环利用。

5.3.10　★因地制宜设置村庄游览路线、游步道和导向系统。

5.4　房屋建筑

5.4.1　▲治理改造危旧房，合理安置危房户，无D级危房和涉及公共安全的C级危房。

5.4.2　无新增违法用地、违法建筑。

5.4.3　管控农房风貌，实行建房图集和农房带图审批制度。

5.5　村庄风貌

5.5.1　房前屋后整洁，农具、建材、柴火等生产生活用品有序存放。无占道经营、车辆乱停乱放等现象。

5.5.2　★10%以上的农户开展美丽庭院建设。

5.5.3　★家禽实行圈养，保持圈舍卫生。

5.5.4　★宣传栏、广告牌、店招等设置规范。

5.5.5　★各类杆线规范架设、牢固安全、整齐有序、标识清楚，不私拉乱接。

5.5.6　★挖掘村庄个性和特色，对村庄风貌进行整体控制。

5.5.7　★村口设有村名标识，在村庄主入口、公共空间等重要节点，建设景观小品，提倡就地取材。

5.6　长效管理

建立制度健全、职责明确、经费保障、管护到位的农村公共基础设施管理、运行、养护机制。

6　经济发展

6.1　基本要求

产业特色明、生产设施全、经营效益好、收入水平高。

6.2　产业发展

6.2.1　合理利用当地自然资源和生态条件，发展农林牧渔主导优势产业。

6.2.2　畜禽养殖实现生态化、规模化，动物疫病防控措施到位。

6.2.3　推广水产良种和渔业科技，实现渔业生态养殖。

6.2.4　发展特色经济林果和花卉苗木。

6.2.5　★推广适合当地的农业生产新品种、新技术、新机具及新种养模式。推广应用数字化技术，建设数字田园，发展智慧农业。

6.2.6　★有益农信息社、村邮站、物流配送服务点等服务平台，农（副、特）产品、旅游资源等营销渠道畅通。

6.2.7　★培育种养大户、家庭农场、农民专业合作社、农业龙头企业等新型农业经营主体，推进合作经营，连结带动小农户，帮助低收入农户发展生产。

6.2.8　★以主导产业为依托，因地制宜发展加工业、乡村旅游、乡愁产业、农村康养、共享经济、现代服务业等产业，推动一二三产融合发展。

6.3　生产设施

6.3.1　开展江河沟渠治理，达到相应防洪排涝标准。建设和配备抗旱、防风等防灾基础设施。

6.3.2　农田水利设施合理配置，骨干灌排渠系建筑物配套率100%，工程完好率90%以上。

6.3.3　土地整治和高标准农田建设有效开展。

6.4　乡村经营

6.4.1　★利用农村闲置房、农机具等，开展多种经营。

6.4.2　★采用股份合作等多种模式，引进社会资本和工商资本参与村庄经营。

6.4.3　★实行品牌化经营，参与区域性公共品牌打造。建设景区村庄，拓展村庄内涵，放大品牌效应。

6.5　经济收入

6.5.1　▲发展壮大村级集体经济，集体经济年经营性收入达到5万元以上。

6.5.2　无家庭人均收入低于当地低保标准的农户。村民收入持续较快增长。

6.5.3　村级财务合理收支，无不良债务。

7　服务配套

7.1　基本要求

幼有育、学有教、病有医、老有养、劳有得、弱有扶、住有居。

7.2　基础教育

7.2.1　幼儿园和中小学建设符合教育布局规划要求。

7.2.2　满足适龄儿童接受学前三年教育的需求。

7.2.3　无义务教育辍学失学学生。

7.3　医疗卫生

7.3.1　城乡居民基本医疗保险户籍人口参保率99%以上。

7.3.2　常住人口2000人以上行政村建有规范化卫生室或标准化社区卫生服务站，其它村可按规定与周边村合并设立。

7.3.3　村民人人享有当地医疗卫生机构提供的健康教育、计划免疫、传染病防治、妇幼保健、残疾人保健、老年人健康管理等基本公共卫生服务。

7.3.4　65岁及以上老年人健康管理率67%以上。免费妇女病普查服务率两年高于80%。

7.4　养老服务

7.4.1　城乡居民基本养老保险待遇发放率100%，被征地农民按相关规定享有相应的社会保障。

7.4.2　建有居家养老或老年活动场所并正常运行，提供基本养老服务。

7.4.3　★为老年人提供日（全）托、助浴、助餐等生活便利服务；建立老年人生活补助制度，并定期发放。

7.5　劳动就业

7.5.1　组织村民参加农民职业素质和技能等学习培训。

7.5.2　劳动关系协调、劳动人事争议调解、维权等权益保护活动有序开展。

7.5.3　★收集并发布职业供求信息，提供就业政策法规咨询、职业指导和职业介绍等服务；为就业困难人员提供就业援助。

7.6　救助帮扶

7.6.1　▲农村特困人员应养尽养。

7.6.2　符合低保的家庭应保尽保。建立困难群众主动发现机制，为符合救助条件的家庭和人员提供协助申请救助服务。

7.6.3　优抚对象、困难家庭、残疾人、农村留守妇女儿童等群体得到帮扶。

7.7　生活便利

7.7.1　建有具备办公议事、活动组织、教育宣传、文体娱乐、便民服务等功能的村级综合服务场所，提供为民办事全程代理服务。

7.7.2　有商贸服务网点；乡村农贸市场干净整洁、规范有序。

7.7.3　客运车辆通达，客运场站设施布设合理。

7.7.4　★利用空余场地、道路周边、农户庭院等，科学规划布设停车场（位），户均车位数达到1个以上。

8　乡风文明

8.1　基本要求

文化好、风尚美、陋习破。

8.2　文体设施与活动

8.2.1　按照需求，建设文化活动中心（含农家书屋、图书室）、科普园地、村广播室等文化活动场所。

8.2.2　★建设与人口规模相适应的小公园、小广场等。根据实际配备如篮球场、乒乓球台、室外健身器材等体育设施。

8.2.3　★设有文体管理员，组建群众性文体团队。组织开展民俗文化活动、文艺演出、讲座展览、体育比赛等群众性文体活动。

8.3　文化保护

8.3.1　▲历史文化村落、文保单位、文保点、历史建筑得到有效保护，无人为破坏。

8.3.2　历史文化（传统）村落、农业文化遗产有专项保护规划。建立乡村传统文化管护制度，民间民族表演艺术、传统手工技艺、医药、节气风俗和民间文学等乡村非物质文化遗产得到保护和传承。

8.3.3　★挖掘、传承民俗风情、历史沿革、典故传说、名人文化、祖训家规等乡村特色文化。

8.4　文明风尚

8.4.1　宣传弘扬社会主义核心价值观，普及卫生健康、生态文明、质量安全、文明礼仪等知识,倡导勤劳致富、邻里和睦、尊老爱幼等文明风尚。

8.4.2　殡葬管理规范，倡导文明安全祭祀、绿色殡葬，通过公墓、骨灰堂和树葬等节地生态方式进行安葬的比率达到100%。

8.4.3　★推进移风易俗，倡导酒席减负、勤俭节约、禁燃禁放烟花爆竹等文明新风；反对铺张浪费、人情攀比、厚葬薄养等陋习。

9　治理有效

9.1　基本要求

党建引领、"三治"结合、社会平安。

9.2　组织建设

9.2.1　▲党建引领作用明显，党组织政治核心作用和党员先锋模范作用充分发挥，无软弱涣散问题。

9.2.2　村党组织、村民委员会、村务监督委员会、村集体经济组织和共青团、妇联、民兵等组织健全并规范运行。

9.2.3　村干部廉洁履职，队伍作风建设好。

9.2.4　发挥乡贤作用，促进项目回归、人才回乡、技术回援、文化反哺。

9.2.5　★有服务性、公益性、互助性社会组织和农村志愿服务队伍，能为村民提供所需服务。

9.2.6　★引进返乡科技、经营管理和职业技能等创业创新人才投身乡村建设。

9.3　"三治"①结合

9.3.1　村级重大事务坚持民主集中制原则，按照"五议两公开"②程序，实行民主决策；村级小微权力明晰，村级事务运行规范。

9.3.2　实行党务、村务、财务公开，并得到有效监督。

9.3.3　村规民约内容全面、合法合规，各项制度落实到位。

9.3.4　规范全科网格建设，实施网格化管理，推进乡村管理服务数字化。

9.3.5　有多形式的民主法治宣传，及时为群众提供法律服务，每村至少有一名法律顾问。

9.3.6　★建设农村诚信体系。有道德评议组织，开展道德典型榜样评选活动。

9.4　平安建设

9.4.1　▲社会平安稳定，未发生重特大刑事案件、较大及以上安全生产事故和群体性事件。

9.4.2　做好纠纷调解工作，矛盾不出村。

9.4.3　建有相应的防灾设施和避灾场所，建立防灾避灾应急预案。

9.4.4　在重要地段安装社会治安视频监控系统，并正常运行。

9.4.5　★建立专职群防群治、义务消防等队伍。

注：①"三治"指自治、法治、德治。

注：②"五议两公开"是指由党员群众建议、村党组织提议、村务联席会议商议、党员大会审议、村民（代表）会议决议、表决结果公开、实施情况公开的民主决策程序。

9.5 村民满意

开展群众调查，村民参与度、村民满意度均在70%以上。群众调查方法与调查问卷参见附录A。

附录A
（资料性附录）
群众调查方法

A.1 根据行政村人口规模，随机抽取20位至50位村民开展群众调查。

A.2 群众调查问卷见表A.1。调查问卷共有15道选择题，只有15道选择题全部作答完毕，调查问卷才判定为有效。

A.3 有效问卷第1题到第13题，只有当同一道题选择肯定项的超过50%及以上时，此道题才能认定为肯定；认定结果作为相应指标的评价依据。

A.4 村民参与度=调查问卷第14题选择"有"的问卷数/有效问卷回收总数×100%。

A.5 村民满意度=调查问卷第15题选择"满意"的问卷数/有效问卷回收总数×100%。

表A.1 群众调查问卷

1.您家今年的收入和前几年比，有增加吗？
□有　　　　　　　　□没有
2.如果您想参加各类职业技能培训，村里或上级会安排吗？（是否参加过培训？培训是否有用？）
□会　　　　　　　　□不会
3.您村里的困难群众有没有得到过各类补助？
□有　　　　　　　　□没有

4.您村里的优抚对象、困难家庭、留守妇女儿童等有没有得到过帮扶?
□有　　　　　　　　□没有
5.您觉得在村里生活便利吗?
□便利　　　　　　　□不便利
6.今年,您村里有没有开展过文艺演出或体育比赛?
□有　　　　　　　　□没有
6.您村里有没有开展过文明新风宣传、家风建设活动?
□有　　　　　　　　□没有
7.您村里社会风气怎么样?（有无铺张浪费、人情攀比、厚葬薄比等陋习?有无骨灰乱散乱葬行为?）
□好　　　　　　　　□不好
8.您觉得村干部作风建设如何?（有无欺压村民、吃拿卡要等问题?）
□好　　　　　　　　□不好
9.您村里重大事项是村干部个人说了算,还是大家开会研究定的?
□个人说了算　　　　□大家开会研究的
10.您村里的村务公开情况怎么样?（村里的一些事项（村重大事项、经费使用、助残助困、选举等）有没有告知村民（如开会、贴告示、广播、上门等)?）
□有　　　　　　　　□没有
11.您村里有没有开展过法治宣传?
□有　　　　　　　　□没有
12.您村里有没有开展道德典型榜样评选活动?（比如最美家庭、最美婆媳等评选活动）
□有　　　　　　　　□没有
13.您村里有没有人负责村民矛盾调解工作?
□有　　　　　　　　□没有
14.您是否参加过你们村的环境整治和美丽乡村建设?（提示:捐款、投工投劳、卫生大扫除、垃圾分类、户厕改造、立面改造、庭院整治等）
□有　　　　　　　　□没有
15.您对您村里美丽乡村建设整体情况满意吗?
□满意　　　　　　　□不满意
注:请在符合您情况的选项上打"√"。

参考文献

［1］《中共中央国务院关于实施乡村振兴战略的意见》

［2］《国家乡村振兴战略规划（2018-2022年）》

［3］《全面实施乡村振兴战略高水平推进农业农村现代化行动计划（2018-2022）》

［4］《浙江省乡村振兴战略规划》（2018-2022年）

［5］《浙江省深化美丽乡村建设行动计划（2016-2020年）》

［6］《浙江省高水平推进农村人居环境提升三年行动方案（2018—2020年）》

［7］《浙江省基本公共服务体系十三五规划》

［8］《浙江省富民惠民安民行动计划》

［9］《浙江省农村环境综合整治实施方案》

［10］《浙江省人民政府关于统筹推进县域内城乡义务教育一体化改革发展的实施意见》

［11］《浙江省农业绿色发展试点先行区三年行动计划》

［12］《浙江省人民政府办公厅关于开展打造整洁田园建设美丽农业行动的通知》

［13］《浙江省绿色农业行动计划》

［14］《浙江省旅游厕所建设管理三年行动计划（2018-2020年）》

［15］《县乡法治政府建设行动计划（2018—2020年）》

［16］《浙江省房屋使用安全管理条例》

［17］《浙江省农村住房建设管理办法》

［18］《浙江省A级景区村庄服务与管理指南》浙旅规划〔2017]104号

［19］《浙江省A级景区村庄服务质量等级评价细则及说明》浙旅规划〔2017〕104号

［20］《浙江省薄弱幼儿园提升标准》

［21］《浙江省小规模幼儿园和教学点提升标准》

［22］《美丽乡村建设指南》（GB/T 32000）

［23］《美丽乡村建设评价》（GB/T 37072）

［24］《道路交通标志和标线第1部分：总则》（GB 5768.1）

［25］《道路交通标志和标线第2部分：道路交通标志》（GB 5768.2）

［26］《旅游厕所质量等级的划分与评定》（GB/T 18973）

［27］《浙江省农村公厕建设改造和管理服务规范》（DB33/T 1151）

［28］《农村生活垃圾分类处理规范》（DB33/T 2091）

美丽县域建设指南

DB3305/T 129—2019

（湖州市市场监督管理局2019年12月30日发布，2020年1月1日实施）

前　言

本标准按照GB/T 1.1—2009给出的规则起草。

本标准由湖州市标准化研究院提出并归口。

本标准起草单位：安吉县美丽乡村标准化研究中心、浙江省标准化研究院、湖州市标准化研究院

本标准起草人：仝国栋、王有富、胡景琦、华歆雨、张舒、邹新强、沈丹蔚、应珊婷、奚经龙、刘彦林、姚晗珺

1　范围

本标准规定了美丽县域的城乡建设、生态宜居、产业发展、民生保障、文化建设、社会治理等要求。

本标准适用于指导美丽县域的建设与管理。

2　规范性引用文件

下列文件对于本文件的应用是必不可少的。凡是注日期的引用文

件，仅注日期的版本适用于本文件。凡是不注日期的引用文件，其最新版本（包括所有的修改单）适用于本文件。

GB 3838-2002 地表水环境质量标准

GB 18918-2016 城镇污水处理厂污染物排放标准

GB 50445 村庄整治技术规范

DB33/ 593-2015 畜禽养殖业污染物排放标准

DB 33-1066 村镇避灾场所建设技术规程

DB33/T 837-2014 居家养老服务与管理规范

DB33/T 881 地质灾害危险性评估规范

DB33/T 912-2019 新时代美丽乡村建设规范

DB33/T 1166 城镇生活垃圾分类标准

DB33/T 2091 农村生活垃圾分类处理规范

DB33/T 2209-2019 四好农村路

DB33/T 2219-2019乡村放心消费建设与管理规范

DB33/T 3004-2019 农村厕所建设和服务规范

DB3305/T 40 绿色矿山建设规范

DB3305/T 46 美丽公路建设规范

DB3305/T 47 美丽乡村民主法治建设规范

DB3305/T 57 幸福邻里中心建设与服务管理规范

DB3305/T 60 党群服务中心设置和运行规范

DB3305/T 62 绿色融资企业评价规范

DB3305/T 63 绿色融资项目评价规范

DB3305/T 64 绿色银行评价规范

DB3305/T 65 银行业绿色金融专营机构建设规范

DB3305/T 66 生态文明示范区建设指南

DB3305/T 85 非物质文化遗产保护与传承通用指南

DB3305/T 92 城乡环卫一体化作业规范

《湖州市美丽乡村建设条例》

《湖州市文明行为促进条例》

3　术语和定义

下列术语和定义适用于本文件。

3.1

美丽县域

辖区内经济、政治、文化、社会和生态文明五位一体协调发展，城乡融合、治理有效、充满活力、全民幸福的县级行政区域。

4　总则

4.1　全域实行统一规划、建设和管理，因地制宜，以问题和需求为导向，阶段性任务与长远性发展相结合，做好顶层设计。

4.2　以人为本，统筹推进经济、政治、文化、社会和生态五位一体协调发展。

4.3　建立健全城乡融合发展体制机制和政策体系，促进城乡要素自由流动、平等交换和公共资源合理配置。

4.4　坚持新时代高质量赶超发展目标，突出绿色发展主线，满足生态文明建设、产业结构调整、保障改善民生和社会治理创新需要，实现可持续发展。

5　城乡建设

5.1　总体要求

5.1.1　制定全域统一的规划，完善城乡一体的规划体系，统筹城乡人口、土地空间、生态建设、社会事业及公共服务等布局，形成县（区）-镇（街道）-村（社区）三级联动的发展模式。

5.1.2　构筑城乡统筹新优势，提升完善城乡协调发展体系；推动城乡融合，引导资金、劳动力等资源要素合理流动，促进农业、工业、服务业相互融合，开展城乡公共设施、基础设施一体化建设。

5.1.3　统筹规划、建设、管理三大环节，以县域整体空间规划为切入点，构建城镇、生态、农业三类空间相互促进、融合发展路径。

5.1.4　开展空间管控。设定并严守资源消耗上限、环境质量底线、生态保护红线。建立资源环境承载能力监测预警机制，执行负面清单制度，保护生态资源，强化总量控制，治理生态环境，节约资源利用。

5.1.5　美丽城镇

5.1.5.1　推进产镇融合、镇村联动，实现环境、产业、基础设施、公共服务资源的互补互融。

5.1.5.2　实施小城镇环境综合整治，不断完善整治建设管理，基本建立符合各地实际的现代小城镇治理体系，确保整治成果长期保持；完善小城镇边界区域治理，构筑城乡美丽格局。

5.1.5.3　依托自然禀赋、人文风貌、产业特色等，注重整治与造景相结合，建设具有特色的小城镇，提升环境质量和整体品位。

5.1.5.4　实现绿色建筑全覆盖。按照适用、经济、绿色、美观的建筑方针，进一步提升建筑使用功能以及节能、节水、节地、节材和环保水平。

5.1.6　美丽乡村

5.1.6.1　实施乡村振兴战略，按照DB33/T 912-2019和《湖州市美丽乡村建设条例》的要求，以生态、绿色为发展道路，打造全域覆盖的新时代美丽乡村。

5.1.6.2　创新投融资模式，吸引社会多元投资主体参与美丽乡村建设与运营管理。

5.2　基础设施建设

5.2.1　道路交通

5.2.1.1　按照DB3305/T 46的要求开展美丽公路建设，达标服务区比例100%、出行信息覆盖率100%，构建美丽公路网络体系。

5.2.1.2　构建畅通便捷的道路框架，改善穿城对外交通、拥挤城市干道、断头路等问题道路，不同层级道路之间有效连接，乡镇道路通达率、通畅率100%。

5.2.1.3 按照DB33/T 2209的要求开展四好农村路的建设，构建道路景观系统、精品观光示范带，对干线公路和农村公路进行绿色生态改造，县域干线公路绿化覆盖率100%，农村公路绿化覆盖率90%以上，实现"千里绿道"。

5.2.1.4 构建以快速公交、常规公交为主体的城乡一体化公共交通体系。积极发展生态公交，推广节能与新能源交通运输装备，完善智能交通管理系统。

5.2.2 其他基础设施

5.2.2.1 坚持城乡供水一体化发展，推进规模化供水，对大型集中厂站和主管网进行改扩建，农村居民享受与城市居民同等的"一户一宅一表"、抄表收费到户服务，城乡供水实现"同网同价同服务"，城乡供水一体化保证95%以上。

5.2.2.2 采用雨污分流制，对现有排水管网进行升级改造，完善城镇污水配套管网建设，新建、改建、扩建的市政基础设施工程宜应用低影响开发建设模式。

5.2.2.3 开展电网改造升级，配电网供电可靠率99.83%以上，一户一表率100%。

5.2.2.4 在主城区及用气需求较大、用气地点较集中、经济较发达的乡镇逐步推广管道燃气，天然气气化率达到44%以上。

5.2.2.5 完善信息化基础设施建设，网络、有线电视等信息化基础设施全覆盖，加强基础设施信息共享与服务能力建设，加强城市智能化、数字化管理。

5.2.2.6 建立由垃圾焚烧发电厂、垃圾填埋场、垃圾中转站、垃圾分类收集点等组成的生活垃圾处理系统，按照DB3305/T 92的要求开展城乡环卫一体化建设。

6 现代产业

6.1 总体要求

构建以支柱产业、主导产业、特色产业为一体的产业体系，保持产业结构多样化，随市场、政策调整产业结构。

6.2 农业

6.2.1 基本要求

6.2.1.1 加快农业发展方式转变和产业结构调整，构建生态高效安全优质的现代农业产业体系。

6.2.1.2 着力提升粮油、蚕桑、水产、茶叶、水果、畜禽、蔬菜、花卉苗木等特色主导产业，形成生产基地、龙头企业、批发市场一体化建设，打造"良种推广—农业生产—精深加工—品牌销售"完整产业链。

6.2.1.3 打造"农业两区"升级版。发展休闲观光、电子商务等多功能农业综合体，促进农村一二三产业融合发展。

6.2.1.4 加强农业农村科技创新平台建设，提升本地农技人员、生产经营主体的农业科技水平。

6.2.2 产业发展

6.2.2.1 围绕农业主导产业和农业集聚区，发展节约、循环、生态的现代农业，主要农产品中绿色、有机食品认证比例70%。

6.2.2.2 推广节能、节水、降耗、省工的农业物联网设施装备，设施农业面积比重20%以上；推广间作套作、水旱轮作、粮经轮作、农牧结合、稻-药轮作等生态循环种养模式；推广高效环保农药、测土配方施肥、新型肥料、水肥一体化、绿色防控技术的应用。测土配方施肥技术推广覆盖率95%以上，化肥利用率40%，农作物病虫害统防统治覆盖率40%以上。

6.2.2.3 引进培育科技含量高、带动能力强的农产品加工龙头企业，促进农产品加工集群化发展，重点推进产业集聚建设。

6.2.2.4 调整优化水产养殖布局，落实禁养区制度，控制湖库和近岸小网箱养殖规模。发展水产品精深加工，加快水产业转型升级。

6.2.2.5 建设数字田园，发展智慧农业，推进农业生产、经营、管理和服务数字化，打造智慧农业服务平台。

6.2.2.6 开展农业品牌塑造培育、推介营销和社会宣传，着力打造一批有影响力、有文化内涵的优势特色农业品牌。发展区域品牌，组建品牌建设利益共同体。

6.3 工业

6.3.1 以传统工业绿色化改造为重点，以科技创新为支撑，构建工业产业体系。

6.3.2 发展科技含量高、资源消耗低、环境污染少的制造体系，规模以上企业单位工业用地工业增加值宜高于80万元/亩，高新技术产业增加值占规上工业比重40%以上。

全面发展绿色智造和清洁生产，推动新能源汽车、高端装备、生物医药、绿色家居、通用航空、地理信息等产业的发展。规上工业单位增加值能耗下降6.5%，战略性新兴产业增加值增长10%以上。

6.4 服务业

6.4.1 基本要求

发展以健康休闲旅游、文化创意等为主的生活性服务业，以及以绿色金融、信息服务、科技服务、商贸物流为主的生产性服务业。

6.4.2 休闲旅游

6.4.2.1 从新业态开发、旅游产品开发、服务提升、管理创新、现代旅游企业培育、品牌打造等方面，推动旅游全域化发展。实现旅游产业、旅游平台、旅游环境、旅游服务全域化。

6.4.2.2 构建以乡村生活、城市休闲、主题娱乐为主的休闲旅游产业体系，推进旅游业转型升级。

6.4.2.3 实施"旅游+"行动，建设旅游度假区、旅游特色小镇、旅游景区、乡村旅游生态集聚区、重大旅游综合体等，带动其他产业发展。

6.4.2.4 发展文化体验、民宿休闲、影视休闲等参与性强、体验性强的旅游业态。开发农事体验型、景区依托型、生态度假型、文化创意型等乡村旅游模式。

按照DB33/T 2219-2019的要求开展农村放心消费的建设与管理。

6.4.3 农业社会化服务

6.4.3.1 发展多种形式适度规模经营，健全农业社会化服务体系。培育专业大户、家庭农场、农民专业合作社、农业龙头企业等新型农业经营主体及专业服务公司、专业服务合作社、专业服务队等经营性服务组织。

6.4.3.2 采用合作式、订单式、托管式等模式，开展农资供应、农机作业、病虫害统防统治、粮食烘干、动物诊疗和产品营销等服务，提高服务效率。

6.4.3.3 推广互联网、云计算、大数据等信息技术在农业中的应用，开展农产品溯源、农资信息监管平台、农技110、农业电子政务等农业信息化和农村信息化建设。

6.4.4 绿色金融

6.4.4.1 按照DB3305/T 62、DB3305/T 63、DB3305/T 64、DB3305/T 65的要求开展绿色金融建设。

构建以绿色信贷、绿色债券、绿色基金、绿色保险为主的绿色金融体系。

6.4.4.2 以资源环境市场化为突破口，发展绿色金融组织体系、创新绿色金融产品体系、构建绿色金融政策体系，完善绿色金融基础设施体系。

6.4.4.3 增强金融要素保障功能，以"产业链整合"、产业基金为重点，引进产业资本，提供相应的金融配套服务；结合特色金融服务扶持特色产业发展。

6.4.5 科技信息服务

6.4.5.1 坚持产学研结合，在高新技术企业、创新型企业等重点企业中建设一批研发（技术）中心、企业研究院、重点实验室等，规上企业研发中心占比超过25%，企业研发经费占主营业收入比重超过1.5%。

6.4.5.2 构建以电子商务、智慧城市、互联网、物联网、大数据、云平台为主的信息服务产业体系。

7 生态宜居

7.1 总体要求

7.1.1 坚持节约优先、保护优先、自然恢复。

7.1.2 建立大气污染物排放清单和监控体系，加强跨区污染防控合作、联防联控。推进乡镇（街道）

PM2.5 和臭氧自动监测设施建设。空气优良率超过全省乡镇平均值。

7.1.3 县控地表水监测断面达到或优于GB 3838–2002 中III类水质比例100%。饮用水源水质达标率100%。

7.1.4 县域土壤、噪声环境质量达到相应环境功能区要求。耕地土壤环境质量达标率72%以上。

7.2 生态保护

7.2.1 自然资源保护与节约利用

7.2.1.1 加强能源、水、土地等资源管控：

——单位地区生产总值能耗应低于 0.4 吨标煤/万元，能源消耗总量不超过控制目标值；

——实施水资源开发利用控制、用水效率控制、水功能区限制纳污三条红线管理；单位地区生产

总值用水量降低达到当年要求；

——划定并保护永久基本农田，对新增建设用地占用耕地规模实行总量控制，落实耕地占补平衡。

7.2.1.2 单位GDP二氧化碳排放量降低应符合省市下达指标。探索建立资源环境承载能力监测预警机制。

7.2.1.3 建立生态保护红线制度，划定并严守生态保护红线，对生态保护红线内生态环境实施动态监管。

7.2.2 自然生态保护

7.2.2.1　县域森林覆盖率不少于48%。发展林下经济，加强旅游景区保护。实施"县—乡—村"三级林长制，保护森林资源。

7.2.2.2　推进自然保护区规范化建设和管理。对县域内森林、湿地、水流、耕地等重点领域和禁止开发区域、重点生态功能区等重要区域逐步实施生态保护补偿。

7.2.2.3　保护珍稀濒危野生动植物、古树名木及自然环境。抵御外来物种入侵。

7.2.2.4　加强退化湿地的恢复和治理，开展湿地污染整治、湿地功能恢复、湿地公园建设，维护湿地系统的自然生态特性和基本功能。

7.2.2.5 按照DB3305/T 66的要求开展生态文明示范区建设。

7.2.2.6 积极推广树葬、花葬、草坪葬等节地生态殡葬方法。

7.2.3　生态修复

7.2.3.1　实施重点水利工程、中小流域整治工程和农村河道治理工程。推进小流域、坡耕地及林地水土流失综合治理。推进美丽河湖建设，开展河道生态系统修复，实施"河（湖、湾）长制"，完善"智慧河道"信息化管理，河湖长效保洁全覆盖。

7.2.3.2　开展公路边、铁路边、河边、大中型水库周边等重点区域山体生态修复。加强以精品观光带为重点的县域沿路、沿线、沿河区域的绿化、彩化、美化。城镇绿化覆盖率达到45%以上。

7.2.3.3　按照DB3305/T 40的要求，全域推进绿色矿山建设。开展矿山生态环境整治、生态修复，干道可视范围内矿山开采点全部完成治理，绿色矿山建成率100%。

7.2.3.4　实施耕地质量保护与提升行动，对退化、污染、损毁农田进行改良和修复。

7.2.3.5　加快灾害调查评估、监测预警、防治和应急等防灾减灾体系建设。

7.3　污染防治与资源化利用

7.3.1　农业污染防治

7.3.1.1　畜禽养殖场污染物排放应符合 DB33/ 593 的要求，建立畜禽规模养殖场排泄物治理长效管理机制。畜禽规模养殖场粪便综合利用率98%以上，病死畜禽无害化处理率100%。水产养殖废水应达标排放。

7.3.1.2　精准推进化肥农药减量增效、实现化学农药使用量零增长、化肥使用量稳中有降。

7.3.1.3　建立健全秸秆收储运体系，秸秆综合利用率95%以上。

7.3.1.4　农药包装废弃物回收率90%以上，回收包装物无害化处理率达到100%。加强废旧膜的回收和再加工利用。

7.3.2　生活污染防治

7.3.2.1　加快污水收集管网建设，城市污水处理率95%以上。城镇污水处理设施出水达到 GB 18918 A级以上标准，建立和完善城镇污水处理厂长效运营机制，城镇污水厂监督性监测达标率100%。农村生活污水处理行政村全覆盖。建立"县—乡镇（街道）—村—农户—运维单位"的"五位一体"农村生活污水治理设施运维管理体系。农家乐污水得到有效治理。

7.3.2.2　健全城乡垃圾收运网络，垃圾清运率和无害化处理率均为100%。按照DB33/T 1166的要求对城镇生活垃圾进行分类，城镇生活垃圾分类率90%以上。农村生活垃圾"户集、村收、镇中转、县运输处理"体系实现全覆盖，按照DB33/T 2091的要求开展农村生活垃圾分类处理，实行垃圾收运分类化、容器化、密闭化和机械化，农村生活垃圾分类减量处理行政村覆盖率100%。

7.3.2.3　按照DB33/T 3004的要求开展农村厕所改造，普及无害化卫生厕所，农村卫生厕所普及率100%。全面实施厕所粪污同步治理、达标排放或资源化利用，积极建设生态公厕。

7.3.2.4　推广使用太阳能等可再生能源、清洁能源。

7.3.3　工业污染防治

7.3.3.1　引导工业企业入园。开展园区循环化改造，打造美丽园区，建设国家级循环经济示范县。

7.3.3.2　形成完善的固体废物闭环管理体系，各类固体废物实现源头减量化、分类资源化、处置无害化。

7.3.3.3　开展涉水行业整治、提升，实施制革、印染、造纸和化工等高耗水行业节水改造；加强工业废气污染防治，实施工业废气清洁化排放。工业企业污染排放达标率100%。

7.4　街道整治

7.4.1　县域主要街道建筑风貌协调统一，城镇已建道路及公共场所照明普及率达到80%。

7.4.2　街道配置垃圾分类、收集设施，主要街道按照70米左右服务半径配置垃圾箱（桶），垃圾箱（桶）摆放有序。

7.4.3　建立专人定期巡查机制，取缔违规占道经营、乱设摊点违章行为，整治游商游贩，规范整治散乱集贸市场。

7.4.4　道路沿线（人行道、车行道上）无占道停放的机动车、非机动车。

7.4.5　货运车辆无随意占道卸货或卸货不影响正常交通秩序。

7.4.6　规范户外缆线架设，无乱接乱牵、乱拉乱挂现象。

7.4.7　开展危旧房排查，对老旧小区进行提档整治，对镇中村、镇郊村和棚户区进行改造，对农村危房、城中村和"四无"企业等违建开展拆建。

7.5　绿色生活

7.5.1　绿色消费

7.5.1.1　引导公众文明节俭就餐，引导餐饮企业实施餐厨垃圾分类收集。

7.5.1.2　推广环境友好型服装材料、燃料、助剂、洗涤剂及干洗剂。

7.5.1.3　推广节能环保汽车、节能省地型住宅，完善节水器具、节电灯具、节能家电等产品的推广机

7.5.1.4　制，引导公众优先购买生态设计、节能认证、环境标志认证等产品，限制使用塑料购物袋。

7.5.1.5　引导企业采用环保包装材料，适度包装，包装减量化、无害化。

7.5.2　绿色出行

7.5.2.1　推广节能与新能源交通运输装备，完善智能交通管理系统。

7.5.2.2　推广应用太阳能发电等新能源技术，推进码头、车站节能节水改造。

7.5.2.3　引导公众文明交通出行，提高绿色出行比例，中心城区绿色出行比例达到75%。

7.5.2.4　公交、环卫行业和行政机关单位率先使用新能源汽车，每年新增或更新的公共汽车中新能源

7.5.2.5　汽车的比例达到30%以上，在用营运公交车每年完成新能源改造10%左右。

7.5.3　绿色建筑

7.5.3.1　严格执行建筑节能标准，加快推进既有建筑节能和供热计量改造。建设工程全面推广使用新

7.5.3.2　型墙材、节能保温及绿色材料的应用，城镇地区新建建筑应符合《浙江省绿色建筑条例》要求。城镇

7.5.3.3　新建绿色建筑比例达到25%以上。

7.5.3.4　开展节约型公共机构示范创建活动，制定实施机关资源使用定额管理和效能标准，健全激励

7.5.3.5　和约束制度，加强政府办公场所、大型公共建筑用能管理，推动街道和楼宇能源智能化管理。

7.5.4　绿色办公

7.5.4.1　严格执行节能环保产品采购制度，提高政府采购中再生产品和再制造产品的比重。

7.5.4.2　实施减纸化行动，推行电子政务和多媒体会议方式，强化纸张节约和回收利用。

7.6　未来社区

积极开展未来社区试点申报创建工作，打造以人本化、生态化、数字化为价值导向的新型城市功能单元。

8　民生保障

8.1　总体要求

8.1.1　建立覆盖全县城乡居民的基本公共服务体系，实现基本公共服务常住人口全覆盖。

8.1.2　基本公共服务预算支出占财政支出比重逐步提高。

8.1.3　优质公共服务资源向农村、弱势群体倾斜。

8.2　教育发展

8.2.1　优化学前教育机构布局，完善"镇村一体化管理"模式，实行一个乡镇（街道）一个中心幼儿园，600户以上的村1所农村规范幼儿园，学前三年入园率99.5%以上。普惠性幼儿园覆盖面85%以上，等级幼儿园覆盖面98%以上，二级以上幼儿园比例60%以上。

8.2.2　统筹城乡义务教育优质均衡发展，合理规划与布局中小学学校，县域内义务教育标准化学校比例超过95%，规范义务教育学校办学行为，实行就近入学政策和零择校制度，九年义务教育巩固率100%。

8.2.3　特殊教育向学前三年教育和高中阶段教育延伸，三类残疾学生学前三年和高中阶段教育普及率分别达到90%和85%以上，全面实现残疾学生从学前教育到高中阶段教育的15年免费教育。

8.2.4　广泛开展城乡社区教育，积极构建全覆盖的终身教育网络。

8.2.5　实施"智慧校园"计划，全力推进教育信息化。重视发挥互联网作用，提高远程教育、数字图书馆的服务水平。

8.2.6　加快发展现代职业教育，深化产教融合、校企合作。面向企业职工、新型农民、退役士兵等群体开展相关职业教育和培训。

8.3　全民健康

8.3.1　深化县域医疗卫生一体化发展，推进县级医院、乡镇卫生院、村级服务站三级网络建设，实现20分钟医疗服务圈全覆盖，每千人口执业(助理)医师数3.2人，县域内就诊率90%以上，人均期望寿命81岁以上。

8.3.2　乡镇卫生院和社区卫生服务中心建设标准化率90%以上，社区卫生服务站和村卫生室建设标准化率85%以上。目标人群规范签约服务覆盖率达到50%。

8.3.3 拥有当地卫生机构提供的健康教育、计划免疫、传染病防治、妇幼保健、老年人保健等基本公共卫生服务。

8.3.4 推进人口健康信息化建设，推广"互联网+"健康服务新模式。

8.4 社会保障

8.4.1 建立统一的城乡居民养老保险制度和医疗保险制度，基本实现法定人群应保尽保。45周岁（不含）以上户籍居民参加基本养老保险参保率95%以上，基本医疗保险参保率超过95%。

8.4.2 落实残疾人社会保险参保缴费补贴政策，全面推进残疾人参加大病保险，完善重度残疾人医疗保障制度。

8.4.3 统一城乡救助标准，形成以最低生活保障、特困人员供养、自然灾害救助、临时救助、医疗救助、教育救助、住房救助、就业救助和社会力量参与的城乡一体社会救助体系。

8.4.4 健全面向老年人、残疾人、孤儿等特殊困难群体的各项福利保障政策，残疾人全面小康实现程度97%以上，困难残疾人生活补贴、重度残疾人护理补贴目标人群覆盖率100%。

8.4.5 城乡社区居家养老服务实现全覆盖，每千名老年人拥有社会养老床位不少于50张，其中机构床位数不少于40张。居家养老服务与管理应符合DB33/T 837的要求。

8.4.6 建立县（区）、镇（街道）、村（社区）三级公共就业创业服务平台，社会登记失业率控制在3.5%以内。

8.4.7 从公租房、经济适用房、安置房和人才房等方面，构建覆盖城乡的住房保障新体系，城镇保障性住房符合条件的常住人口覆盖率25%以上。

8.5 公共安全

8.5.1 建立健全以行政村协管员、村民小组信息员为主的责任网络，构建地方政府属地管理、监管部门各司其职的食品安全治理体系。

8.5.2　建立完善安全生产责任体系，明确细化各级党委政府的安全监管职责，落实企业主体责任。亿元生产总值生产安全事故死亡率小于0.097 。

8.5.3　全面推进平安建设，构建以信息化为支撑的立体治安防控体系，实现重点公共区域视频监控全覆盖；建立健全治安形势播报预警机制；加强全县（区）"扫黑除恶"网格化建设，群众对治安环境安全感满意度大于96%。

8.5.4　建立县、镇（街道）、村（社区）、机关部门、重点单位、村民小组六级防灾减灾网络，气象灾害监测率大于90%，气象灾害预警信息公众覆盖率95%以上。

8.5.5　建立县、镇（街道）、村（社区）三级自然灾害应急体系。应急预案响应机制健全，村级避灾场所的建设符合 DB33 1066 的要求，按GB 50445 的要求开展防洪及内涝整治及避灾疏散整治，按DB33/T 881 的要求进行地质灾害危险性评估，及时治理地质灾害隐患点。

9　文化建设

9.1　公共文体

9.1.1　构建现代公共文化服务体系，推进公共文化服务均等化。城区以 15 分钟为服务半径，农村20分钟为服务半径，统筹设置公共文体设施。

9.1.2　建立覆盖县（区）、镇(街道)、村(社区)的文化馆总分馆服务体系。镇（街道）文化站建设标准应符合建标 160。

9.1.3　建成城乡一体、功能健全、服务规范、优质高效的公共图书馆总分馆服务体系，县级公共图书馆人均藏书量大于 1 册或总藏书量大于 50 万册，村级图书室(农家书屋)实现乡镇（街道）全覆盖。

9.1.4　落实公共图书馆、文化馆(站)、博物馆等公共文化设施免费开放制度，公益培训(讲座)、艺术普及、阅读欣赏、展示展览等基本服务项目健全。

9.1.5 形成区县、乡镇、行政村（社区）三级公共体育设施网络，行政村和社区体育健身设施场所全覆盖，公共体育设施和符合条件的公办学校体育场地设施开放率100%，提升基本公共体育服务均等化水平。

9.2 文化保护与利用

9.2.1 挖掘、保护、管理、传承物质和非物质文化遗产；按照DB3305/T 85的要求开展非物质文化遗产的保护，培养非物质文化遗产代表性传承人、继承人，广泛开展文化交流，扩大非物质文化遗产影响力。

9.2.2 注重乡村文化保护与传承，培育地方特色文化，严格保护历史文化村落、古建筑等文化遗产。加强文化创意，村庄设计、农产品设计、旅游吸引物设计等应与乡村文化相结合。

9.3 文化产业

9.3.1 构建以文化休闲旅游、影视文化、数字动漫、创意设计、教育培训、现代传媒、文化会展为主的产业体系。

9.3.2 创新文化事业、文化产业投融资机制，鼓励和引导社会力量参与文化建设，推进文化产品交易平台、文化资本市场、文化产权市场建设。

9.3.3 推进基层特色文化品牌建设，积极培育乡土文化。

9.4 文化宣传

9.4.1 利用多种形式宣传践行社会主义核心价值观，加强思想道德建设和社会诚信体系建设，增强法治意识、社会责任意识，倡导科学精神，弘扬传统美德。

9.4.2 开展生态保护知识宣传、生态文明建设成果展示等活动，形成崇尚生态文明、推进生态文明建设和体制改革的良好氛围，树立社会主义生态文明观。

9.5 文明风尚

9.5.1 宣传引导《湖州市文明行为促进条例》，，鼓励、倡导文明行为，禁止不文明行为。

9.5.2 深入开展群众性精神文明创建活动，优化未成年人成长环境，健全长效的创建工作机制，让广大群众共建共享文明。

9.5.3　培育树立最美人物、最美家庭、最美班组和最美窗口等先进典型，健全完善道德模范评选关爱机制；深化文明村镇、星级文明家庭创建活动。

9.5.4　按照DB3305/T 94的要求开展农村精神文明建设。

10　社会治理

10.1　营商环境

10.1.1　全面梳理公布部门间办事"最多跑一次"事项，推进改革集成化、数字化。80％的部门间办事事项实现"最多跑一次"，部门间高频办事事项100％实现"最多跑一次"。

10.1.2　深化"最多跑一次"改革，开展"减证便民"行动，打造"无证明城市"。

10.1.3　重点公共服务领域和公共场所基本实现服务事项"最多跑一次"。

10.1.4　推进政府数字化转型，建成线上线下一体化、集约化、智能化的审批服务体系。

10.2　基层治理

10.2.1　健全完善基层工作责任体系、基层工作组织体系、基层社会治理体系、基层联系服务体系、基层工作制度体系、基层基础保障体系，实现基层治理体系和治理能力现代化。

10.2.2　创新城乡管理方式，推进城乡管理网格化、信息化、法治化、社会化，城乡社区网格化管理实现全覆盖。

10.2.3　加强农村基层基础工作，健全自治、法治、德治相结合的乡村治理体系。推动农村社区治理示范区建设。

10.2.4　把健全城乡社区居民自治制度作为激发基层社会治理活力的重要途径，打造"乡贤参事会"等协商民主平台，着力实现政府治理与村民自治的良性互动。

10.2.5 推广村（居）务公开栏、手机短信、"三资管理平台"、电子触摸屏、村务电视点播系统等村（居）务公开形式，基本实现"阳光村务"信息进村入户全覆盖，开展"阳光村务指数"评价工作。

10.2.6 构建社区、社会组织、社会工作"三社联动"机制，搭建政府购买服务、公益创投、幸福邻里中心等联动平台，实现社区服务水平、社会组织功能、社工实务能力"三提升"。

10.2.7 按照DB3305/T 57的要求开展进幸福邻里中心建设，提升城乡社区服务水平。

10.2.8 按照DB3305/T 60的要求开展党群服务中心建设。

10.3 综合治理

10.3.1 建设县区两级社会治理综合指挥平台，推进平安建设信息系统与"网格化管理、组团式服务"两网融合。

10.3.2 推动"最多跑一次"改革向基层延伸，加强基层平台标准化建设，建立"四级联动、同城通办"机制，实现乡镇（街道）权力清单和责任清单全面覆盖

10.3.3 提升乡镇（街道）统筹协调能力，实现县域内乡镇（街道）综治工作、市场监管、综合执法、便民服务等四个平台全覆盖。

10.3.4 按照"属地管理"原则，加强流动人口服务和管理。

10.4 法治建设

10.4.1 完善法律服务供给机制，构建覆盖城乡、惠及全民的公共法律服务体系。

10.4.2 建立健全县级法律援助中心、乡镇公共法律服务工作站、村公共法律服务点三级网络，乡镇公共法律服务站覆盖率100%，法律顾问驻点驻村。按照DB3305/T 47要求开展乡村的民主法治建设工作。

10.4.3 加强法治宣传教育，在全社会形成良好的法治氛围和法治习惯。把法治教育纳入国民教育体系，设立法治知识课程；把法治教育纳入精神文明创建内容，广泛开展群众性法治文化活动。

10.4.4 加强智能化法律网络平台建设和专业化热线平台打造，形成多层次多类型的公共法律服务平台网络。

10.5　信用体系建设

10.5.1　加快公共信用信息平台建设，与省公共信用信息平台、浙江政务服务网平台对接，实现跨部门、跨层级信用信息的汇聚与对比应用，实现区域信用信息联动。

10.5.2　推进政务、商务、社会、司法等领域的信用建设，建立健全信用政策制度体系，着力提升全社会诚信意识和信用水平、改善经济社会运行环境。

10.5.3　健全信用法规制度和标准体系，完善公共信用信息系统，加强信用记录和信用报告应用，构建守信激励和失信惩戒机制，加强诚信教育和诚信文化建设。

10.6　长效管理

10.6.1　重要民生决策事项，通过公示、座谈会、论证会、听证会等形式，广泛听取居民的意见、建议和诉求。

10.6.2　通过网络、广播、电视、手机信息等形式，向公众展示美丽县域建设动态、成效等信息，引导公众参与并监督美丽县域建设。

10.6.3　鼓励开展第三方满意度调查，并及时公开调查结果。

参考文献

［1］《中共中央、国务院关于实施乡村振兴战略的意见》

［2］《国家乡村振兴战略规划（2018-2022年）》

［3］《中共中央、国务院关于建立健全城乡融合发展体制机制和政策体系的意见》

［4］《国务院关于统筹推进县域内城乡义务教育一体化改革发展的若干意见》

［5］《浙江省乡村振兴战略规划》（2018-2022年）

［6］《浙江省服务业发展"十三五"规划》

［7］《浙江省小城镇环境综合整治行动实施方案》

［8］《浙江省深化美丽乡村建设行动计划（2016-2020年）》

［9］《浙江省高水平推进农村人居环境 提升三年行动方案（2018—2020年）》

［10］《浙江省基本公共服务体系十三五规划》

［11］《浙江省教育事业发展"十三五"规划》

［12］《浙江省卫生和计划生育事业发展"十三五"规划》、

［13］《浙江省医疗卫生服务体系规划（2016—2020年）》、

［14］《浙江省基层卫生事业发展"十三五"规划》

［15］《浙江省老龄事业发展"十三五"规划》

［16］《浙江省文化发展"十三五"规划》

［17］《浙江省食品药品安全"十三五"规划》、

［18］《浙江省安全生产"十三五"规划》、

［19］《浙江省防震减灾"十三五"规划》

［20］《新时代美丽乡村建设规范》（DB/T 33 912-2019）

［21］《湖州市国民经济和社会发展第十三个五年规划》

［22］《湖州市区城乡公共交通均等化发展情况报告》

［23］《湖州市现代农业发展"十三五"规划》

［24］《湖州市生态环境保护"十三五"规划》

［25］《加快数字湖州建设打造现代智慧城市三年行动计划（2019—2021年）》

［26］《湖州市休闲旅游产业发展"十三五"规划》

［27］《湖州市发展学前教育第三轮行动计划（2017-2020年）》

［28］《湖州市人力资源和社会保障事业发展"十三五"规划》

［29］《湖州市民政事业发展"十三五"规划》

［30］《湖州市加快推进社会信用体系建设三年行动计划（2018-2020年）》

美丽家庭创建考核规范

DB330523/T 38—2011

（安吉县质量技术监督局2011年12月1日发布，2012年1月1日实施）

前　言

本标准根据GB/T 1.1-2009给出的规则起草。

本标准由安吉县质量技术监督局提出并归口。

本标准起草单位：安吉县妇女联合会、安吉县精神文明建设委员会办公室。

本标准起草人：彭永之、华歆雨。

1　范围

本标准规定了美丽家庭建设的术语和定义、创建标准、创建程序、管理办法。

本标准适用于美丽家庭的建设。

2　规范性引用文件

下列文件对于本文件的应用是必不可少的。凡是注日期的引用文件，仅所注日期的版本适用于本文件。凡是不注日期的引用文件，其最新版本（包括所有的修改单）适用于本文件。

GB 5749 生活饮用水卫生标准

GB 7959 粪便无害化卫生标准

GB 9981 农村住宅卫生标准

GB 19379 农村户厕卫生标准

DB33/T 440 浙江省准四级公路工程技术标准(试行)

DB33/T 842 村庄绿化技术规程

3 术语和定义

下列术语和定义适用于本文件。

3.1 美丽乡村

经济社会与生态环境协调发展，人与自然和睦相处，以科学规划布局美、村容整洁环境美、创业增收生活美、乡风文明身心美为目标，并符合可持续发展要求,最终形成宜居、宜业、宜游的村级行政区域

3.2 美丽家庭

家庭环境卫生、整洁，家庭成员乐于学习、自我提升、积极致富，同时，具备社会公德、个人品德，家庭美德、职业道德的家庭。

4 评定原则

4.1 坚持整体性原则。在全县各行政村、村改居社区全面展开美丽家庭创建活动，山区和土斗区同步进行，美丽乡村创建村和未创建村一致开展。

4.2 坚持连续性原则。美丽家庭创建根据建设工作的实际推进，每年按10%左右的总比例命名表彰一批三星级、四星级、五星级美丽家庭，连续创建，梯度推进。到2017 年，美丽家庭建成率达到全县农村家庭的80%左右。

5　考核内容与指标

主要包括12项考核指标。考核指标及考核要求见附录A。

6　考核程序

6.1　组织申报

每年由县文明委印发专门的入户宣传资料。县文明委组织各成员单位专家分门别类进行指导。整合"五老"、文化指导员、青年志愿者、巾帼保洁队等力量，组建社会机构，进村入户开展宣传发动、协助实施等工作。利用现场会、座谈会、督查会等形式，采取检查、暗访、督查等方式及时总结经验、发现问题、强化推进。

6.2　民主推荐

各村（社区）组织农户以户主评议会、推荐会或组织上门推荐等形式进行推荐，产生美丽家庭初评户，经村（社区）汇总排名后，按1∶1.5比例确定美丽家庭考核对象。

6.3　考评公示

每年由乡镇（街道）会同村（社区）组成考核组，对美丽家庭考核对象进行考评，按优秀、良好、一般、较差累计得分产生美丽家庭拟表彰名单（五星级1%、四星级3%、三星级6%）。各乡镇（街道）对各村（社区）拟表彰名单进行汇总，实行一票否决制审核后将拟表彰名单在各村（社区）显著位置公示一周。

7　星级家庭比例

美丽家庭年度创建的总比例原则上为全县农户数的10%。其中，五星级美丽家庭为每年美丽家庭户数的10%，四星级美丽家庭为每年美丽家庭户数的30%，三星级美丽家庭为每年美丽家庭户数的60%。

8 管理要求

8.1 县文明委负责对美丽家庭创建活动的统一领导，文明办、农办、妇联、建设、城管、卫生、计生、环保、文化等美丽家庭创建领导小组成员单位进行具体指导，镇村具体实施。美丽家庭创建实施情况列入年度宣传思想工作考核，美丽乡村创建及长效管理考核，各级文明村评选复评考核。各乡镇（街道）、村（社区）将其列入精神文明建设总体规划和年度考核目标，并保证人力、物力、财力的投入。

8.2 乡镇（街道）负责做好组织、检查、考评、建档等工作。每年拟命名的美丽家庭统计表及家庭具体地址、联系电话、户主身份证号码等相关信息上报县文明办、县妇联备案。

8.3 美丽家庭实行动态管理，每三年对过去年度表彰的五星级美丽家庭复评一次。复评按一定比例抽查、征求有关部门意见、新闻媒体集中公示等形式进行。对复评中发现的创建水平显著下降或出现严重问题的家庭，经县文明委批准，予以降星级直至撤销荣誉称号。

8.4 美丽家庭星级一般实行逐级提升的原则，创建成效突出经考核组认定可以越级。

附录A
（规范性附录）
美丽家庭创建考核要求

表A.1 美丽家庭考核指标与要求

总体目标		创建内容	具体要求
院有「花」香	1	道路硬化	入户道路硬化，通行方便顺畅，路面无破损。参照DB33/T 440《浙江省准四级公路工程技术标准（试行）》

总体目标		创建内容	具体要求
院有「花」香	2	环境洁化	房屋院落四周环境整洁，生活垃圾定点投放；建有三格式化粪池和卫生厕所，生产生活污水经处理后达标排放。参照GB 7959—1997《粪便无害化卫生标准》、GB 9981—1988《农村住宅卫生标准》、GB 19379—2003《农村户厕卫生标准》
	3	庭院美化	庭院内外种植花草树木；外墙美化，围墙院门美观大方；院内生产工具、生活用品摆放整齐；房前屋后无乱搭建、乱悬挂、乱张贴现象。参照DB33/T 842—2011《村庄绿化技术规程》
室有「书」香	4	有一定的文化气息	居室布置有一定数量的文化艺术品，装饰大方得体；尊师重教、言传身教；不参与赌博、迷信活动
	5	有良好的学习习惯	收听收看时事新闻；有阅读习惯，有一定数量的藏书；订阅报纸杂志
	6	有健康的生活方式	积极参加体育锻炼和文化娱乐活动；注重环保节约；理性消费，不盲目攀比
人有「酿」香	7	想创业	有创业激情、创业思路和创业行动，敢于拼搏、善于创造、大胆实践
	8	学创业	积极参加各种技能培训，家庭劳动力有一定的生产技能或经营经验，积极降低成本、提高效率、节能减排

总体目标	创建内容		具体要求
人有「酿」香	9	会创业	积极发展多种经济，多门路致富；家庭人均收入超过上年度全县农民人均水平；收入持续增长，家业殷实
户有「溢」香	10	品德优良	遵纪守法，诚实守信，办事公道，助人为乐，热爱家乡
	11	家庭和睦	尊老爱幼，夫妻和睦，婆媳、兄弟、妯娌等家庭关系融洽
	12	邻里团结	邻里互谅互让，友好相处，团结互助

农村生活污水治理设施运行维护
管理规范

DB330523/T 011—2015

（安吉县市场监督管理局2015年11月23日发布，2015年12月1日实施）

前　言

本标准依据GB/T 1.1-2009给出的规则起草。

本标准由安吉县环保局提出并归口。

本标准起草单位：安吉县环保局、浙江省环境保护科学设计研究院、安吉县市场监督管理局。

本标准起草人员：叶红玉、杨勇、顾菁菁、胡彬、沈晓昱、沈丹蔚。

本标准为首次发布。

1　范围

本标准规定了农村生活污水治理设施运行维护管理的总则、设施分类、运维管理操作、运维管理制度，运维经费及使用以及运维管理监督考核等要求。

本标准适用于域内除世行项目外的农村生活污水治理设施的运行维护。

2 总则

2.1 农村生活污水治理设施运维管理的相关设施应与主体设施同步设计、同步建设、同步投用。

2.2 明确县政府、乡镇（街道）、行政村、农户、第三方运维单位的主要职责，建立县域农村生活污水治理设施运行维护管理体系。

3 设施分类

3.1 农村生活污水治理设施分为管网收集系统和终端处理系统。

3.2 管网收集系统，包括管道、检查井、化粪池、隔油池等。

3.3 终端处理系统，包括污水处理设施、与设施运行相关的附属物等。

4 运维管理操作要求

4.1 第三方运维单位

4.1.1 运用互联网、物联网等技术，建立数字化设施运维服务网络系统和平台。

4.1.2 制定详细完整的运行维护管理操作规程，包括污水治理设施操作规程、安全规程以及管网检修要求等，并上墙或指示牌明示。

4.1.3 形成运行维护管理台帐，内容包括电量电费记录、处理水量记录、水质检测记录、运行维护管理巡查记录等。

4.1.4 指定日常运维操作人员根据操作规程对农村生活污水终端处理设施进行日常检查和维护，做好例行检查记录和运行记录。运维操作主要包括以下内容：

主要构筑物及标识标牌完好无损，按绿化养护要求，处理池上和周边绿化带内无杂物堆放、无垃圾，定期做好除草、防冻、补种等养护工作，整体做到整洁美观，污水处理设施正常运行；

主要设备定期保养，五年内应进行大修，以县环保局验收通过为准；配电设备要定期保养；设备的停用、报废、拆除等应经县环保局批准后方可进行；

日常检查治理设施有无进出水，水量是否正常，每季度至少检测1次进出水水质，指标按DB33/973-2015标准选取，确保出水达标排放；

对格栅进行清渣，保持格栅井正常功能；

检查集水井并采取必要的清淤措施，防止泥沙淤积造成水泵堵塞；

人工湿地应确保湿地植物生长良好。按湿地植物养护要求，对人工湿地植物进行收割和补种，对人工湿地内杂草、病虫害以及衰败植物进行及时处理，做到无杂草、无虫害、无枯枝烂头、无板结、无垃圾、无石块等；

发现人工湿地堵塞应及时疏通；

及时收割生态塘内的水生植物，清理水面漂浮物和落叶；

有填料的污水处理池需定期更换填料；

发现处理池池体渗漏、开裂，盖板丢失、破损等现象，应在15天内修复；

污泥处置规范，有相关台帐记录；

制定应急预案，及时处理各种潜在的、发生的紧急情况，并向乡、镇（街道）和县环保局书面汇报；

管网收集系统的日常巡查工作，每月至少1次，发现问题以书面形式及时告知乡镇（街道）和县环保局；

日常维护其他相关工作。

4.1.5　乡镇(街道)聘请专职日常运维操作人员根据操作规程对管网收集系统进行日常检查和维护，做好例行检查记录和运行记录。运维操作主要包括以下内容：

管网排水畅通，无堵塞，无渗漏，无污水外溢、雨水倒灌等现象发生；

检查井内无漂浮物，井底无淤泥固态物，井壁无粘附物，井内积物不高于管底，管道内积物小于管径1/4；

管道定期疏通，检查井定期疏挖、清洗；

检查相关井盖以及各种盖板、标识的完整性、安全性，污水检查井盖出现被盗或损坏时，及时进行补缺；

及时对化粪池清淤以防止污泥淤积，原则上每三年至少清淤1次；

及时对厌氧池进行清淤，原则上每年至少清淤1次，厌氧池作业时，应当先打开全部的检查井井盖强制通风，在确保安全的情况下方可进入，防止发生窒息或中毒事故；

污泥处置规范，有相关台帐记录；

日常维护其他相关工作。

4.1.6　村民发现渗漏、堵塞、破损、故障等异常情况的，属责职范围内的应及时处理，属责职范围外的应及时联系村专职人员。

5　运维管理要求

5.1　运维状况报告

第三方运维单位、乡镇（街道）应分别向县环保局报告运行维护情况。报告内容包括：

每季度首月15日前报告上季度进、出水水质、水量以及处理达标率等重要指标情况；

年度污水治理设施运行维护管理总结；

因设施维修，确实需停运或部分停运的，应及时报告，经批准后方可实施。

5.2　运维档案管理

各级管理部门和第三方运维单位应指定专人管理，保存运行维护技术档案、记录等相关资料。同时，结合网络运营平台，进行电子化管理。主要包括以下相关资料：

工程设计、施工、竣工资料和验收移交记录等；

处理设施的说明书、图纸、维护手册；

——现场维护记录、重大故障报告及处理结果；

——周期性的进出水水质检测数据；

——各种与农村污水治理设施相关的规范和制度。

6 运维经费及使用要求

农村生活污水治理设施运维经费按照分级负担的原则，县财政安排终端设施运维专项资金，乡镇（街道）、村负责落实管网运维费用。应规范运维经费使用。

7 运维管理监督考核

7.1 县环保局每年年底制定下一年度的运行监督性检测计划，开展监督性检测，检测结果列入考核依据。

7.2 县环保局统一组织运维考核工作，制定考核细则。运维考核分县级、镇级和村级三级。各乡镇（街道）及行政村要根据本辖区实际，出台相应的农村生活生活污水治理设施运维管理考核办法。

7.3 县级考核由县环保局每年年底会同相关部门对运行维护状况等进行评价与考核。

7.4 镇级考核由各乡镇（街道）分头组织，每半年对本辖区内行政村的管网运维工作进行评价与考核；对第三方运维单位的服务水平、设施运行维护状况等进行评价，并报县环保局。

7.5 村级考核由村每季度对村专职管理人员的工作进行评价与考核；对第三方运维单位的服务水平、设施运行维护状况等进行评价，并报所在乡镇（街道）。

7.6 县环保局对监督考核结果予以统计、分析、总结并公布。

7.7 运维各级主体应对运维管理和操作具体责任人、工作职责和监督方式等要进行公告，接受群众和社会监督。

参考文献

《安吉县人民政府办公室关于印发安吉县农村生活污水治理设施运行维护管理办法的通知》（安政办发〔2015〕55号）

农村餐厨垃圾资源化处理指南

（DB330523/T 46—2015）

（安吉县质量技术监督局2015年1月5日发布，2015年2月5
日实施）

前　言

本标准根据GB/T 1.1-2009给出的规则起草。

本标准由安吉县农业和农村工作办公室提出。

本标准由安吉县农业和农村工作办公室归口。

本标准起草单位：安吉县农业和农村工作办公室。

本标准起草人：喻凯、华歆雨、任强军、应珊婷。

1　范围

本标准规定了农村餐厨垃圾资源化处理的总则、收运体系、处理体
系、主要可选工艺及常态化管理的要求。

本标准适用于指导农村餐厨垃圾的收集、资源化处理与管理。

2　规范性引用文件

下列文件对于本文件的应用是必不可少的。凡是注日期的引用文
件，仅注日期的版本适用于本文件。凡是不注日期的引用文件，其最新
版本（包括所有的修改单）适用于本文件。

GB 8172 城镇垃圾农用控制标准

NY 525 有机肥料

3　术语和定义

下列术语和定义适用于本文件。

3.1　餐饮垃圾 restaurant food waste

餐馆、饭店、企业、单位食堂的饮食剩余物以及后厨的果蔬、肉食、油脂、面点等的加工过程废弃物。

3.2　厨余垃圾 food waste from household

家庭日常生活中丢弃的果蔬及食物下脚料、剩菜剩饭、瓜果皮、树叶秸秆等易腐有机垃圾。

3.3　餐厨垃圾 food waste

餐饮垃圾和厨余垃圾的总称。

4　总则

4.1　餐食垃圾应实施分类收集和分类运输。

4.2　餐厨垃圾进行单独存放和收集，餐厨垃圾的收运者应对餐饮垃圾实施单独收运，收运中不得混入有害垃圾和其他垃圾。

4.3　餐厨垃圾不得随意倾倒、堆放，不得排入雨水管道、污水排水管道、河道、公共厕所和生活垃圾收集设施中。

4.4　餐厨垃圾的处理过程均不应产生废气、废水、废弃物等二次污染。

5　收运体系要求

5.1　农村餐厨垃圾收运体系

5.1.1　应建立农村餐厨垃圾处运体系，每个村指定1 人~3 人负责所辖地区餐厨垃圾收运工作，并配备必要的收运设施，包括餐厨垃圾收集容器、运输车辆等。

5.1.2　以户为单位，农户负责将家庭产生的厨余垃圾置于餐厨垃圾专用垃圾筒中，开展源头分类收集。偏远散户可将分类后的厨余垃圾自行无害化处理。相对集中居住的厨余垃圾由村指定人员定时上门收集并集中处理；或农户收集后投放于村指定的集中收集点的分类收集筒内，由村指定人员定时定点收运并集中处理。

5.1.3　企业、单位、餐馆、饭店、农家乐等餐饮垃圾产生单位应自行确定专人负责收集各自产生的餐饮垃圾，划分区域并指定位置进行存放，由村指定人员定时收运。

5.2　收运作业规范

5.2.1　定时收运应日产日清，每天应至少一次，并向农户、餐馆、饭店、农家乐等告知收运时间和频率。

5.2.2　收运作业人员在收运餐厨垃圾过程中，应维护餐厨垃圾收集容器和收运作业区环境整洁，减少对农户正常生活及餐厨垃圾产生单位正常工作的影响。

5.2.3　在运输过程中，应采取密闭运输等措施，不得滴漏、洒落。

5.2.4　餐厨垃圾收运设备和工具应保持整洁、完好，确保能正常使用，无明显污显、污痕、油迹、油渍。

5.2.5　收运人员应及时清除干净突发泄露的餐厨垃圾。

5.2.6　收运人员应按要求将餐厨垃圾运到指定的处置地点，并认真写处置联单记录；不得擅自改变餐厨垃圾处置地点，不得任意处置餐厨垃圾。

6　处理体系要求

6.1　一般要求

农村餐厨垃圾资源化处理宜采宜偏远农户自行处理及村或乡镇集中处理相结合的方式。

6.2　偏远农户自行处理

偏远农户可自行作无害化处理，用于喂养圈养的家禽家畜或小型堆肥发酵后作为有机肥使用；

6.3　村或乡镇集中处理

村或乡镇集中处理可采取以下几种模式：

——行政范围较小的乡镇可采取建设乡镇资源循环利用中心，由乡镇建设餐厨垃圾处理设施，将所辖村的餐厨垃圾收集后进行集中处理；

——以一个村为中心点设立多村联合处理中心，按就近方便的原则，将邻近村的餐厨垃圾收集起来后进行集中处理；

——交通偏远、居住人口或餐饮人员多的村可以行政村为单位，设立村级资源循环利用中心，单独建设餐厨垃圾处理设施，把农户分类的餐厨垃圾收集起来后进行集中处理；

——农户居住分散、处理设施简单的农村地区可设立自然村餐厨垃圾处理点。

7　主要可选工艺

7.1　一般要求

7.1.1　应根据当地经济社会发展水平、产业发展、人口分布、餐厨垃圾处理量等因素，因地制宜选择技术可靠、经济可行的餐厨垃圾处理工艺。。

7.1.2　餐厨垃圾处理工艺产生的废水应纳入镇村污水处理系统中集中处理。

7.1.3　处理后的残渣应得到妥善处理。餐厨垃圾处理残渣做有机肥时，应符合NY 525的要求。餐厨垃圾制肥中重金属、蛔虫卵死亡率和大肠杆菌值指标应符合GB 8172的要求。

7.2　农村餐厨垃圾资源化处理可选工艺

可选用的工艺包括但不限于：

——生物菌发酵处理技术。适宜乡镇资源循环利用中心的餐厨垃圾处理。该工艺利用生物菌把有机物快速降解，并经密封高温雾化快速发酵生化成有机肥料；油水分离后渗滤液进入冷水管网，废油再回收可加工成生物燃油，废气通过除臭塔净化处理。

——有机垃圾集成处理技术。适宜学校、企事业单位食堂和垃圾分类基础较好的农村地区。该工艺将有机垃圾通过破碎、脱液、除臭、杀菌、干燥集成系统快速处理，安全卫生，无恶臭，处理后的物质可作农作物、绿化的底肥。操作时需人员在场，以防止铁、瓷器、玻璃瓶进入损坏机器。配有油水分离系统，自动油水分离器分离后的油脂可用作生产生物柴油、化工产品等资源化利用，由厂方负责回收。

——沼气综合利用技术。该工艺将餐厨等有机垃圾经过厌氧发酵，产生的沼气、沼渣、沼液均可用于农业生产生活。沼气除用于点灯、做饭外，还可以用于大棚蔬菜二氧化碳施肥。

——太阳能有机垃圾处理工艺。该工艺利用太阳能生活垃圾处理机控制堆肥仓内生活垃圾的发酵温度，并定期补充氧气，提高堆放效率。运行过程中产生的垃圾渗滤液通过堆放仓下管沟汇集到集污池，利用太阳能水泵抽回到堆放仓确保渗滤液的循环利用，同时用太阳能为堆放仓加温，提高发热效率。无需人值守。

——"厨余宝"垃圾堆肥器。适宜自然村餐厨垃圾处理点使用。该工艺利用玻璃钢容器，使餐厨垃圾在合适的通气、湿度、ph、孔隙度等条件下，促进可生物降解的有机物向稳定的小分子物质和腐殖质生化转化。

8　常态化管理

8.1　农村餐厨垃圾资源化处理管理宜采用属地管理，受乡镇业务指导。

8.2　应建立农村餐厨垃圾资源化收运、处理的相关管理制度并实施，包括应急处理和通报制度、设施设备维护管理制度、人员管理制度、垃圾处置联单登记制度、奖励与考核制度等。

8.3　应配备农村餐厨垃圾资源化收运、处理与管理的工作人员，明确岗位职责。

8.4　开展多形式的专项培训、观摩学习、专项指导、宣传等。

8.5　建立村民奖励制度，动员村民积极参与餐厨垃圾源头分类收集。

居民绿色生活指南

（DB330523/T 39—2020）

（安吉县市场监督管理局2020年8月14日发布，2020年9月14日实施）

前 言

本标准按照GB/T 1.1–2009给出的规则起草。

本标准由中共安吉县委生态文明建设办公室提出并归口。

本标准起草单位为：安吉县中国美丽乡村标准化研究中心，浙江省标准化研究院。

本标准主要起草人：胡景琦、华歆雨、全国栋、张舒、纪新瑞。

1 范 围

本规范规定了居民绿色生活的基本要求、绿色消费、绿色家居、绿色出行、绿色风俗等要求。

本规范适用于指导居民的绿色生活，村民的绿色生活可参照执行。

2 规范性引用文件

下列文件对于本文件的应用是必不可少的。凡是注日期的引用文件，仅所注日期的版本适用于本文件。凡是不注日期的引用文件，其最新版本（包括所有的修改单）适用于本文件。

DB33/T 1166 城镇生活垃圾分类标准

DB33/T 2266 公筷公勺使用和管理规范

DB330523/T 38 美丽家庭创建考核要求

《中国居民膳食指南（2016）》

3 术语和定义

下列术语和定义适用于本文件。

3.1 居民绿色生活

居民通过树立绿色意识、使用绿色产品、参与绿色服务，按照环保、节俭、健康的理念，承担推动绿色增长、共建共享义务，使绿色消费、绿色出行、绿色居住成为习惯的生活方式。

4 基本要求

4.1 积极学习并深入践行"两山"理念，提升自身生态环境保护意识和生态文明素养，倡导简约适度、绿色低碳、文明健康的生活方式。

4.2 学习资源、环境方面的基本国情、科普知识和法规政策，提升家庭成员生态文明意识。

4.3 树立正确的消费观，避免盲目购物，理性消费。

4.4 通过参与垃圾分类、公交车出行、徒步出行、参与慈善公益事业、参与新时代文明实践志愿服务等行为，获得"两山绿币"，达到积极参与低碳生活、绿色发展的目的。

4.5 积极参与野生动植物保护、义务植树、环境监督、低碳日宣传等绿色志愿服务公益活动和主题宣传，提升节能环保意识。

5　绿色消费

5.1　绿色购物

5.1.1　优先选择绿色认证产品，尽量购买耐用品，少购买使用一次性餐盒、筷子、塑料袋、纸杯等一次性用品和过度包装商品，外出自带购物袋、水杯等。

5.1.2　选择生产过程对环境污染小的绿色产品，使用材料与生产过程绿色环保、可重复使用的包装袋承载产品。

5.1.3　宜购买简单包装商品，减少包装垃圾。

5.1.4　不购买对公众健康和个人健康有威胁的产品。

5.1.5　优先购买使用节能电器、节水器具等绿色产品，减少家庭能源资源消耗。

5.1.6　购买简单、舒适、健康的衣服，不购买由珍稀野生动物毛皮为原料制成的服装，不使用含有有毒物质的化学染料和面料。

5.2　绿色餐饮

5.2.1　出外就餐时适度点餐，实行光盘行动，采用可降解的包装盒打包，减少浪费，按照DB33/T 2266的要求使用公勺公筷。

5.2.2　宜食用天然食物，减少食品添加剂使用。

5.2.3　宜食用健康无污染的绿色食品。不食用野生动物，对于发现食用野生动物的行为,应及时举报。

5.2.4　在饮食过程中采用细嚼慢咽、适量饮食的健康饮食方式。

5.2.5　烹饪食物的过程尽量少盐少油少糖，注重食物的粗细搭配和营养均衡，符合《中国居民膳食指南（2016）》

5.2.6　减少油烟排放，少用化学洗涤剂，避免噪声扰民。

5.2.7　清洗餐具时，可先将油污倒入厨余垃圾桶，再用热水或少量洗洁精清洗，减少油污进入下水道。

6 绿色家居

6.1 节约用水用电

6.1.1 减少长流水、大开水现象，随手拧紧水龙头。提倡一水多用。

6.1.2 不宜使用大功率电器，空调温度宜设定26℃；合理设置家庭灯具数量，随手关灯。

6.1.3 宜采用智能家居系统，实现环保节能。

6.1.4 宜使用太阳能等清洁能源，减少碳排放。

6.2 节约用物

6.2.1 提倡纸张双面使用，尽量使用再生纸。

6.2.2 在外洗手后尽量采用烘手机或自然风干，如使用纸张，尽量只用一张。

6.2.3 树立共享理念，闲置或废旧物品、衣物宜改造后回收利用或集中捐赠。

6.2.4 倡导不使用不可降解的一次性用品。

6.3 垃圾处理

6.3.1 学习并掌握垃圾分类和回收利用知识，按照DB33/T 1166的要求开展生活垃圾分类。

6.3.2 不得焚烧垃圾，减少环境污染。

6.3.3 城市社区宜采用"虎哥模式"，对生活垃圾进行干湿两分。

6.4 绿色家装

6.4.1 农民建房时宜选用绿色建材，就地取材，建设绿色农房。

6.4.2 宜采用绿色环保型的建材对房屋进行低碳、健康、简单的装修，确保装修后的房屋不对人体健康产生危害；装修时倡导雨污分流。

6.4.3 按照以下要求，选购绿色环保家具：

——材料节省能源，无污染、易回收，宜选用竹制家具；

——设计符合人体工程学原理，减少多余功能；

——使用时不会对人体产生不利影响和伤害；

——加工过程中能源消耗小的要求；

——宜选购采用水性木器涂料、水性油墨、水性胶黏剂等环保型原材料。

6.4.4　选取合适的绿植，对房屋进行装饰，提升观赏性，净化空气。

6.4.5　按照DB330523/T 38的要求，开展美丽庭院建设。

6.5　绿色休闲

6.5.1　不吸或少吸烟，不在公共场所或人流密集地吸烟。

6.5.2　饮酒适量，加强体育锻炼，平时少熬夜，提升自身免疫力；定期进行体检。

6.5.3　文明饲养宠物，避免影响邻居休息或造成粪便污染。

6.5.4　说话或播放音乐时尽量降低音量，减少噪声污染和邻里纠纷。

7　绿色出行

7.1　宜优先采用步行、骑行或公共交通出行，宜乘坐使用清洁能源的公共交通工具；多使用共享交通工具。

7.2　家庭用车优先选择新能源汽车或节能型汽车。

7.3　自驾车做到环保驾车、文明礼让，减少应鸣笛造成的噪声污染。

7.4　提倡上下班合乘车，减少空座率。

7.5　上下楼尽量走楼梯，减少电梯使用次数。

7.6　宾馆住宿时宜自带洗漱用品。

8　绿色习俗

8.1　提倡婚事新办、丧事俭办、喜事简办，抵制盲目跟风、互相攀比、铺张浪费，做到能免则免、能减则减，不讲排场，不比阔气，倡导文明新风。

8.2　推行文明治丧，抵制乱搭灵棚、焚烧纸扎祭品、吹奏鼓乐、高音播放哀乐、燃放烟花爆竹等妨碍交通秩序和影响他人正常生活生产的行为。

8.3　推行绿色殡葬，宜采用树葬、竹林葬、草坪葬、花坛葬、骨灰堂、壁葬等不占或少占土地、少耗资源、少使用不可降解材料的方式安葬骨灰，杜绝乱埋乱葬行为，倡导生态祭祀。

参 考 文 献

［1］郭林涛，冯春久，王晓雅.美丽中国从美丽乡村开始［J］.决策探索，2013（2）：13.

［2］刘智洋，刘宪银.美丽安吉 标准引领 全面打造美丽乡村升级版——安吉运用标准手段推进美丽乡村建设纪实［J］.中国标准化，2015（5）：59.

［3］谢菲，袁世林.中国美丽乡村建设研究现状回顾与展望［J］.农业科学研究，2018，39（2）：62-63.

［4］云振宇，应珊婷.美丽乡村标准化实践［M］.北京：中国标准出版社，2015.

［5］郑金龙，许萍，孟蕊，等.中国美丽乡村建设发展现状及前景［J］.农业展望，2018，14（6）：41.

［6］仝国栋，应珊婷，姚晗珺，等.中国美丽乡村标准化发展路径与经验［J］.江苏农业科学，2019，47（17）：36-37.

［7］赵红梅，闫丽华.美丽乡村"醉"美安吉——安吉打造中国美丽乡村升级版标准化工作纪实［J］.大众标准化，2015（6）：13-18.

［8］陈建华，祁小华.基于标准化角度的美丽乡村建设分析［J］.品牌与标准化，2019（2）：48-49，52.

［9］JILI JIN.High standards for Anji country［J］.ISO FOCUS，2015（4）：36.

［10］佚名.生态典范 安吉余村［J］.浙江林业，2018（6）：36-37.

［11］赵伟峰，王甲.美丽乡村标准化建设的"安吉示范"［J］.今

日浙江，2010（18）：55-56.

[12]高其才.乡村治理地方标准规范的实践、意义与局限——以浙江省安吉县为对象［J］.甘肃政法学院学报，2019（3）：12-21.

[13]杨正喜.波浪式层级吸纳扩散模式：一个政策扩散模式解释框架——以安吉美丽中国政策扩散为例［J］.中国行政管理，2019（11）：97-103.

[14]陈建华，祁小华.基于标准化角度的美丽乡村建设分析［J］.品牌与标准化，2019（2）：47-49.

[15]马仁锋，金邑霞，赵一然.乡村振兴规律的浙江探索［J］.华东经济管理，2018，32（12）：18.

[16]潘柏林，沈晓昱."绿色发展"创造蓬勃生机 浙江省安吉县推动经济社会高质量发展［J］.中国质量技术监督，2019（4）：38-39.

后 记

　　乡村，开始承载越来越多的人向往的美好生活。

　　近年来，我们一直深入安吉县走访调查，看着曾经脏乱差的乡村变得干净了，看着曾经衰败的乡村因为"逆城市化"的需求找到新活法，看着"信息闭塞"的乡村因为互联网充满活力，实现了农产品与市场的"零距离"，而这翻天覆地的变化就发生在这十几年内。这个过程中摸索出的宝贵经验，值得我们去梳理、提炼、传播。

　　2019年初，本书的编纂工作正式启动。在浙江省市场监督管理局的指导下，我们将着眼点落在安吉十几年来美丽乡村标准化建设历程上，参考引用了大量相关学术文献和一线素材，完成了实地调研、资料收集和内容编辑工作。

　　本书编制之初，正值浙江省提出深化"千万工程"、建设新时代美丽乡村之时；本书出版之际，正值习近平总书记强调要"深化'千万工程'"之时。本书也将为浙江省新时代美丽乡村建设工作提供参考。

　　由于时间仓促及编者水平有限，书中若有不妥之处，敬请广大读者不吝指正。

　　我们将持续关注美丽乡村标准化建设这一话题，继续记录安吉的美丽瞬间。

编　者

2020年12月